公開霊言 あの世からのメッセージ

ヒトラー的視点から検証する

世界で最も危険な独裁者の見分け方

ADOLF HITLER

大川隆法
RYUHO OKAWA

本霊言は、2016年3月25日、幸福の科学 教祖殿 大悟館にて、
公開収録された（写真上・下）。

まえがき

何とも皮肉《ひにく》な題の本ではある。世界がキナ臭《くさ》くなり、軍事的独裁者が出てくるかも知れない、という時に、ヒトラー的視点からみて、ヒトラー自身が自分自身に最も良く似ている指導者は誰かを語るという、「スピリチュアル・リサーチ」ならではの企画だからだ。世界の人々も、こぞって読んでみたくなる本でもあり、実際に政治・軍事のトップをやっている人なら、怖《こわ》くて読めない本でもある。

しかし本書で登場したヒトラー霊は、意外にも、国際情勢をリアリスティックに分析していっている。安倍首相はどうか、トランプ氏はどうか、習近平《しゅうきんぺい》氏、金正恩《キムジョンウン》氏、プーチン氏はどうか。少しでも信仰心と霊界知識のあるマスコミ人なら、読んでみたい欲望をおさえることは困難だろう。内容については明かさず、まず読者に自分の目で確かめて頂こう。

二〇一六年　三月三十一日

幸福《こうふく》の科学《かがく》グループ創始者兼総裁《そうししゃけんそうさい》　大川隆法《おおかわりゅうほう》

ヒトラー的視点から検証する
世界で最も危険な独裁者の見分け方

目次

ヒトラー的視点から検証する
世界で最も危険な独裁者の見分け方

二〇一六年三月二十五日　収録
東京都・幸福の科学 教祖殿《きょうそでん》 大悟館《たいごかん》にて

3 ヒトラーはトランプ氏をどう見るか 53

「霊言現象《れいげんげんしょう》」とは、あの世の霊存在の言葉を語り下ろす現象のことをいう。これは高度な悟《さと》りを開いた者に特有のものであり、「霊媒現象《れいばいげんしょう》」（トランス状態になって意識を失い、霊が一方的にしゃべる現象）とは異なる。外国人霊の霊言の場合には、霊言現象を行う者の言語中枢《ちゅうすう》から、必要な言葉を選び出し、日本語で語ることも可能である。

なお、「霊言」は、あくまでも霊人の意見であり、幸福の科学グループとしての見解と矛盾《むじゅん》する内容を含《ふく》む場合がある点、付記しておきたい。

ヒトラー的視点から検証する
世界で最も危険な独裁者の見分け方

二〇一六年三月二十五日　収録

東京都・幸福の科学　教祖殿《きょうそでん》　大悟館《たいごかん》にて

アドルフ・ヒトラー（一八八九〜一九四五）
ドイツの政治家。国家社会主義ドイツ労働者党（ナチ党）の指導者としてドイツの首相となり、やがて一党独裁体制を築いた。第一次世界大戦後の荒廃《こうはい》からドイツ経済を復興させたが、ポーランド侵攻《しんこう》によって第二次世界大戦を引き起こし、ベルリン陥落《かんらく》の直前に自決《じけつ》した。戦時中、ヒトラーの指示により、ユダヤ人の大量虐殺《ぎゃくさつ》が行われた。

質問者　※質問順
里村英一《さとむらえいいち》（幸福の科学専務理事〔広報・マーケティング企画《きかく》担当〕兼《けん》HSU講師）
綾織次郎《あやおりじろう》（幸福の科学常務理事 兼「ザ・リバティ」編集長 兼 HSU講師）
釈量子《しゃくりょうこ》（幸福実現党党首）

［役職は収録時点のもの］

1　ヒトラーの霊《れい》に、各国指導者の「独裁度」を訊《き》く

数年ぶりにヒトラー霊《れい》が現れた背景

大川隆法　急な収録で申し訳ありません。朝、珍《めずら》しい人の霊《れい》が訪ねてきたものですから。最近は、当会の幹部あたりの生霊《いきりょう》が朝に来ることが多く（笑）、今日も、「まあ、そんなものかな」と思ったところ、ヒトラーだと名乗ったので、ずいぶん久しぶりだなと思いました。

以前、二〇一〇年六月だったか、『国家社会主義とは何か』（幸福の科学出版刊）という本を出しました。当時は民主党政権のころだったと思いますが、ヒトラー、菅直人守護霊《かんなおとしゅごれい》、胡錦濤《こきんとう》守護霊、仙谷由人《せんごくよしと》守護

『国家社会主義とは何か――公開霊言　ヒトラー・菅直人守護霊・胡錦濤守護霊・仙谷由人守護霊――』（幸福の科学出版刊）

霊と、たいへん恐縮《きょうしゅく》ながら、こういう方々の霊言《れいげん》を並べて、国家社会主義問題として提起したことがあります。

ただ、時代がまた変わりまして、今、日本は自民党政権ですけれども、最近、国内では、またヒトラー論議が盛《さか》んになってきたような感じがしています。

これは、ヒトラー本人がそう言っているのですが、安倍《あべ》首相をヒトラーになぞらえる声も強く出てきていますので、民主党（収録時点。現・民進党）だけでなく、自民党にも部分的にはそういう面があるかもしれません。

それから、アメリカ大統領選ではドナルド・トランプ氏が出てきていますが、移民の流入等を拒否《きょひ》するような差別論者であり、けっこう徹底《てってい》的にやっつけるところもありますし、「中東にも戦術核《かく》兵器を使う」などと言っているため、こちらもヒトラー的な言われ方をされ始めています。

また、少し前には、ウクライナのクリミア問題で入っていたロシアのプーチン大統領がヒトラー扱《あつか》いをされていたと思いますし、シリアのアサド大統領などにも多

●**戦術核兵器**　個々の戦場での使用を想定された核兵器のこと。敵軍の部隊、陣地などを攻撃するものであり、射程距離が500キロ以下の核ミサイルや核爆弾などを指す。

少そんな気配《けはい》はあったでしょう。

最近のニュースとしては、ベルギーでテロがありました。これはＩＳＩＳ《アイシス》（イスラム国）のメンバーによるものと思われますが、彼らが、「十字軍と戦っているようなつもりで殺した」などと言っているように、ＥＵ側の人と、「どちらが悪魔《あくま》か」という、かなり激しい論争が起き始めています。

テロを起こされているＥＵのほうから見れば、「イスラム国」やイスラム圏《けん》のほうに、そういうヒトラー的なものがあるように見えているかもしれませんし、イスラム側から見れば、もしかしたら、ヨーロッパにそういうものが見えているかもしれません。

また、日本から見れば、やはり、中国の習近平《しゅうきんぺい》国家主席などもそのように見えます。軍事拡張して、着々と植民地計画をつくっているように見えなくもないでしょう。

さらには、もう少し〝小ぶり〟の問題ではありますが、今、緊張《きんちょう》が高まっているところとしては、北朝鮮《きたちょうせん》などもそうでしょう。金正恩《キムジョンウン》第一書記は、若くはありますが、独裁者としては仕上がっているかもしれません。核兵器の開発やミサイルの発射等、バンバンやりまくっているので、これなども、同じような怖《こわ》さがないわけではありません。また、日本の政局も、いちばん気になるところでしょう。

「報道ステーション」がドイツの憲法特集をした意図は？

大川隆法　さて、今日はなぜヒトラーが来たのかを考えてみたところ、今、私の机の上にワイマール共和国●の本などが置いてあったのは事実です。それを置いていたのは、今月（二〇一六年三月）中に「報道ステーション」（テレビ朝日）を降板することになっている古舘伊知郎《ふるたちいちろう》さんが、一泊《ぱく》三日でドイツのワイマールに出張し、現地からの特別レポートをしていたからです。

そのときには、「今、日本のやっていることは、もしかしたら、〝ヒトラーの復活〟のようなものになる恐《おそ》れはないか」「ワイマール共和国という非常に民主的な国があったのに、なぜ、いきなりナチにやられて、あんなふうになったのかという

●ワイマール共和国　第一次大戦後に、ドイツ革命に伴い1919年に成立した共和国のこと。当初は、社会民主党・中央党・民主党を合わせたワイマール連合が運営していた。1933年、ナチス政権の樹立によって消滅。

ことについて、今、われわれは歴史を振《ふ》り返る必要がある」といったことを、現地から報告していました。

「ワイマール憲法のなかに『国家緊急権』（第48条）というものがあり、その一条に隙《すき》があったために、ヒトラーに政権奪取《だっしゅ》をされてから、完全独裁になったのだ。これと同じようなことは、日本でも言えるのではないか。『防衛』と言いながら、そこから国家を奪取したりすることができるのではないか」。

そのようなニュアンスのことを言っていたのです。

ここには、自分たちが政権から圧力を受けて降板させられようとしていることへの批判も、暗にしているのでしょう。「今、政治をやっている人たちがそうだというわけではありませんが」と前置きしつつも、「これから、そういう変な人が出ないとは限らないので」という言い方もしていました。

これは、今、政権を取っている人を直接批判するのを避《さ》けただけの表現かもしれませんし、あるいは、安倍さん以降の政治家のなかで、そういうヒトラー的なものも出てくるかもしれないという危険を言っているのかもしれません。

あるいは、まだ数のうちに入っていないのではないかと思ってはいますが、もしかしたら、「おかしい人が出てくるかもしれない」などという言い方のなかには、「ナチスが突然《とつぜん》出てきたように、幸福実現党なるものがバーッと出てきて、〝極右《きょくう》政党〟として自民党を超《こ》え、ナチス的なものができてきて、釈《しゃく》党首がヒトラーになるか、その後ろに控《ひか》えている大川隆法が出てきて、ヒトラーをするのか」というような意見も入っているでしょうか（笑）。

まあ、そこまで考えてくださっているかどうかは、私もちょっと分からないのですが、こちらは古舘さんの守護霊霊言を出していますから（『バーチャル本音対決』〔幸福実現党刊〕参照）、向こうとしても一回ぐらい〝反撃《はんげき》〟したい気持ちはあるかもしれません。もしかしたら、そういう気持ちも裏にはあるかもしれないのですが、何とも言えません。

『バーチャル本音対決──TV朝日・古舘伊知郎守護霊 vs. 幸福実現党党首・矢内筆勝──』（幸福実現党刊）

今、先の大戦の歴史認識に対する見直しが始まっている

大川隆法　ドイツにおいても、「ヒトラーは悪の権化《ごんげ》」という感じであり、「悪魔」としての定義は、この七十年、世界的にもだいたい認識されていただろうとは思います。

日本に関しては、今、われわれも、先の大戦についての見直しを始めています。

例えば、韓国《かんこく》や中国は、「南京大虐殺《ナンキンだいぎゃくさつ》や従軍慰安婦《じゅうぐんいあんふ》は、ナチスのユダヤ人迫害《はくがい》に相当するのだ」というような言い方をしていますが、本当のところはどうなのか。

また、当会では、「アメリカによる東京大空襲《だいくうしゅう》などは『オレンジ計画』に基《もと》づいて行われたが、日本人は紙と木でできた住居に住んでいるため、焼夷弾《しょういだん》を落とせば、その周りがすべて丸焼けになってしまうのを知っていて、皆殺《みなごろ》しのつもりでやったのではないか。あるいは、最初から広島・長崎《ながさき》に原爆《げんばく》を落とす計画をしていて、『黄色人種《おうしょくじんしゅ》なら構わない』と思ってやったのではないか。これらも同じぐらいの国

●オレンジ計画　アメリカ海軍が、日米戦争を想定して立案した計画のこと。日米開戦の二十年以上前に日本を仮想敵国として立案されている。

家的犯罪ではないか」というような指摘《してき》をしています。

このあたりの歴史についての見直しが始まっていますが、同じく、南京事件や従軍慰安婦に対する見方についても問題はあると思っているわけです。

とにかく、彼らが従軍慰安婦や南京のことを言い続けているのは、「日本の政治指導者、軍事指導者は、ヒトラー的なものと同じようなものだ」ということで、イコールで結びたいということでしょう。それは、戦後の国連の意識もそうだったし、アメリカが教える国際政治の流れもそうだったかもしれません。

リンカンの「奴隷解放《どれい》」の理想が百年も実現できなかったアメリカ

大川隆法　ただ、最近、私はキング牧師《ぼくし》（マーティン・ルーサー・キング・ジュニア）の勉強もしているのですが、「百年前（一八六三年、リンカンのとき）に『奴隷《どれい》解放宣言』がなされたにもかかわらず、

マーティン・ルーサー・キング・ジュニア（1929 ～ 1968）
キング牧師の名で知られる、アメリカ公民権運動の指導者。「I Have a Dream」の演説は有名。徹底した非暴力主義による運動で、1964 年に公民権法が制定され、黒人などへの人種差別が終わりを告げた。

その百年後（一九六三年）に、いまだ、われわれは差別のなかにある。アメリカは黒人差別のなかにあって、この国は、『独立宣言』が言うように、“all men are《オール メン アー》 created equal《クリエイティッド イークォル》”ではない。公民権運動を行い、何とか平等な国をつくりたい」というようなことで戦っていました。それが一九六〇年代のことです。大行進をした翌年の六四年にノーベル平和賞をもらい、その後、一九六八年に三十九歳《さい》で暗殺されています。

同じころ、マルコムX《エックス》も暗殺されていますけれども（一九六五年）、これなども、今、私が、「当時のアメリカでは黄色人種差別があり、日本人を殺すことに抵抗《ていこう》がなかったのではないか」と言っている流れと、ある意味では合っているでしょう。白人優位主義社会があって、アメリカ国内でも分裂《ぶんれつ》しており、リンカンの言っていた理想は百年間も実現されていませんでした。それがその後、べ

マルコムX（1925～1965）
アメリカの黒人解放運動の指導者。黒人運動団体（ブラック・ムスリム）に所属し活動していたが、後に独自の組織を創立した。非暴力的だったキング牧師とは対照的に、急進的で攻撃的な指導者だった。

トナム戦争等が続いて、だんだんに引っ繰《く》り返ってきた歴史なのです。

そして、アメリカが退潮《たいちょう》していくなかで、またいろいろなところで戦争が勃発《ぼっぱつ》し、新しい独裁者が出てこようとしています。中国も新しい支配者になろうとしているし、ロシアもそうかもしれないし、そのほかにもあるかもしれません。

マスコミやコンピュータ系統から次の独裁者が出てくる可能性も

大川隆法　あるいは、今後、そういう政治家や軍人的な指導者ではないかたちでの独裁者がありえる可能性もあります。

例えば、〝マスコミの帝王《ていおう》〟のようなものも出るかもしれません。マスコミも幾《いく》つかあるので、なかなか帝王にはなれないかもしれないのですが、ヒトラーとまでは言わないにせよ、古舘さんのような人にもゲッベルス的なところがあるかもしれません。

最近の週刊誌を読めば、「テレビでは『格差是正《かくさぜせい》が大事だ』というようなことを

●ヨーゼフ・ゲッベルス（1897 ～ 1945）　ナチス党の国民啓蒙《けいもう》・宣伝大臣として、ヒトラーの政権掌握《しょうあく》と体制維持に力を発揮。ヒトラー死後、ドイツ首相に任命されるが、自殺した。

一生懸命《いっしょうけんめい》に吠《ほ》えているわりには、自分個人では十二億五千万円も儲《もう》けている。これはかなりの高額所得者だ。こんなに取っていて、よくこれで『格差是正』が言えたものだ」というような記事がありました。もっと言えば、「それだけの金を払《はら》え。チャリティーでもやれ」と言いたいところでしょう。

つまり、自分がそれだけもらっておきながら、心にもないことを言っているのであれば、「本音」と「実際」が違《ちが》うナチスの宣伝・戦略等に似たようなところがないわけでもありません。不可能で矛盾《むじゅん》したことを彼らが平気で言い続けていたように、そういう部分がマスコミにもあるかもしれないわけです。

また、マスコミ以外に、そうした次の独裁者となることが考えられるのは、いわゆるニュービジネスにおけるコンピュータビジネス系統の人たちであり、彼らのなかに〝電波の世界帝国〟をつくれる人が出てくる可能性があります。もしかしたら、世界は、情報操作等を通して押《お》さえられるかもしれず、そういうかたちで出てくる可能性もないわけではありません。

もし、マスコミ、あるいは、情報の操作をする人たちに、政治家や軍人がまったく勝てない状態であれば、彼らに操作される可能性もあります。まだ分かりませんが、そういうこともありえるでしょう。

現代のリーダーたちの「独裁度チェック」を試みる

大川隆法　そのようなわけで、戦争のキナ臭《くさ》いにおいがするなど、緊迫《きんぱく》した国際情勢が続くなかで、最近、ヒトラーの名前がよく出てき始めていますし、独裁的、カリスマ的なものが出てくると、何でも「ヒトラー」といわれるところがありますので、そうした国際情勢も踏《ふ》まえ、今日は、（霊界の）〝ヒトラー本人の言葉〟も借りて、さまざまなリーダーの独裁度チェックというか、危険度チェック、あるいはカリスマ度チェックを行《おこな》ってみたいと考えています。

ちょっと皮肉ではありますけれども、ヒトラー本人が「自分に似ている」と思うか思わないかを訊《き》いてみましょう。ただ、どう答えるかは分からないですよ（笑）。

トランプ氏を似ていると思うか、プーチン氏を似ていると思うか。あるいは、金正恩氏を似ていると思うか、習近平氏を似ていると思うか。それぞれの国はそう思ってはいないでしょう。

例えば、北朝鮮の人にとっては、金正恩は英雄《えいゆう》にしか見えない、神に近い存在なのかもしれませんし、中国の国民等を見れば、本音かどうかは知りませんが、習近平は偉大《いだい》な指導者なのでしょう。そして、自分たちは、人民民主主義をしているつもりなのでしょうから、「アメリカには独裁者が出るかもしれないけれども、自分たちには、そんなことはない」と思っているかもしれません。

あるいは、日本の安倍氏以下のことを、「まさしくそうだ」と思っているかもしれません。

価値観が多元化していますので、このあたりについて少々探《さぐ》ってみたいと思います。

生前のヒトラーの業績をどう評価するべきか

大川隆法　ヒトラーといえども、死後七十一年ぐらいになり、多少はいろいろな勉強をして変わったりもしているとは思うので、まだ天国に還《かえ》っているとは思えませんが、見識として、何らかの情報は入っているかもしれません（注。前回の霊言では、ヒトラーは地獄《じごく》に地下帝国を築いていると語っている。前掲《ぜんけい》『国家社会主義とは何か』参照）。

個人的な評価としては、第一次大戦で大敗北を喫《きっ》して荒廃《こうはい》したドイツを二十年で立て直した奇跡《きせき》の回復力や、ケインズ経済学の優等生だったとも言われる経済的手腕《しゅわん》、第二次大戦前半の緒戦《しょせん》においての軍事的天才性については、私も認めるところであり、これはそうだろうと思います。

ただ、電撃戦等の天才性はあったものの、最終的には敗れたというところでの結果責任と、ユダヤ人虐殺等についての責任をいまだに問われ続けているのは、やはり、やむをえない面もあるでしょう。

もちろん、こういう戦い方は、かつての軍事的英雄としてもありえました。ただ、それが、例えば織田信長《おだのぶなが》や曹操《そうそう》、あるいはシーザーなどにもあったようなものと同じレベルなのかどうかには、やや分からないところはあります。

今のEUの姿などを見れば、弱者連合のようになっており、問題ばかりがたくさん起きてきつつありますが、ヒトラーがつくろうとしたものは、政治・軍事的にも指導力のある、ドイツによるヨーロッパの支配だったのかもしれません。

ところが、今のドイツは、「原発反対」、あるいは「原爆反対」であり、敗戦国として、日本と同じ立場に立っています。そして、原発を持っているフランスからエネルギー供給を受けている状況《じょうきょう》になっているわけです。

そういう意味で、ドイツと日本はパラレル（並行《へいこう》）に動いているところもあるでしょう。

ドイツ第三帝国《ていこく》の指導者・ヒトラーを招霊《しょうれい》する

大川隆法　ともかく、いろいろな論点があるとは思うのですが、今の国際政治、経済を考える上で、もう一段、ヒトラー的視点からの点検は要《い》るのではないかと思っています。

前置きとしては、そんなところです。なお、ヒトラーは、霊言《れいげん》に一度出ていますから、それほど怖いということもないでしょう。ある程度分かっているのではないかと思います。

里村　はい。よろしくお願いします。

大川隆法　それでは、ドイツ第三帝国《ていこく》の指導者にしてドイツ首相、あるいは総統でありました、アドルフ・ヒトラーの霊をお呼びいたします。

幸福の科学　教祖殿《きょうそでん》において、現在のご心境、あるいは世界のさまざまなカリスマ的、独裁的指導者に対するご意見等を賜《たまわ》れれば幸いかと思います。

ヒトラーの霊よ。

どうぞ、幸福の科学 教祖殿に降りたまいて、われらにその心の内を明かしたまえ。

（約五秒間の沈黙《ちんもく》）

2　ヒトラーが語る「独裁者」と「正義」

高笑いしながら登場したヒトラー霊《れい》

ヒトラー　アッハッハッハッハッハッ（笑）。（椅子《いす》の肘掛《ひじか》けを両手で叩《たた》く）ハッハッハッハッハッハッ（笑）。

里村　ヒトラー総統でいらっしゃいますでしょうか。

ヒトラー　愉快《ゆかい》、愉快、愉快、愉快、愉快。わしにもいよいよ、人気が出てきたようだな。アッハッハッハッハッ（笑）。

里村　六年ぶりに、このように総統から〝会見〟の機会を頂きまして、ありがとうございます（前掲《ぜんけい》『国家社会主義とは何か』参照）。

ヒトラー　まあ、それは、君、名誉《めいよ》なことだよなあ。アメリカだったらこれはもう、完全にピューリッツァー賞もんだなあ。

里村　はい。今、総統がおっしゃいましたように、昨今《さっこん》、日本のみならず、アメリカやヨーロッパなど、世界中のいろいろなところで、総統のお名前がまた語られるようになっています。

ヒトラー　そうなんだ。人気があってなあ。

里村　はい。総統のお名前が挙がる頻度《ひんど》は非常に増えております。

ヒトラー　そうなんだよなあ。「素晴《すば》らしいものはすべて私に似ている」と言われるんでなあ。

里村　地上にいるわれわれから見ますと、どの方が〝素晴らしい〟のか、あるいは、〝似非《えせ》ヒトラー〟なのか、分かりかねるところがあります。

ヒトラー　「似非ヒトラー」ねえ、うーん。

里村　つまり、「総統に似ているだけで、実は、中身は何もない」とか、あるいは、ものすごい天使だったりとか、邪悪《じゃあく》だったりとかするかもしれません。

ヒトラー　おお……。

里村　行動だけを見ていると、地上にいるわれわれからは、そういうことがなかなか見えにくいところがあるわけです。

ヒトラー　「わしが友達かどうか」を訊《き》きたいだけか。

里村　ええ、あの、まあ……（笑）。

ヒトラー　アハハハハー、ハーハーハー（笑）。

里村　「総統が、シンパシーを感じられる」とか（笑）、そういうことも含《ふく》めて教えていただければと思います。

ヒトラー　アハハハハハハハハ（笑）。嘘《うそ》ついたらどうすんだ？

里村　そのへんは、嘘は嘘として、総統の思うことをありのままに言っていただいて、こちらでいろいろと判断する材料にします。

ヒトラー　もし、わしが、「釈《しゃく》党首が好きだ」と言ったらどうするんだ、おまえら。もう終わりだぞ？　政党は終わりだぞ？

里村　いや、いや、いや。

「日本とは同盟国」と強調するヒトラー

里村　総統は、六年前の〝会見〟のときも、日本にシンパシーそのものはけっこうお持ちでいらっしゃいました。

ヒトラー　うん、まあ、それは同盟国だからねえ。君ねえ、（第二次世界大戦では）負けたけど、何と言ったって、同盟は同盟だよなあ。共に戦って負けたんだからさあ。

里村　私どもは、「どんな立場の方からも学ばせていただこう」という姿勢です。

ヒトラー　人種差別しても、日本人は、まあ、いちおう例外なんだ。

里村　はい。確か、六年前もそのようにおっしゃっていました。

ヒトラー　そう。例外だ。うん。例外よ。それは違《ちが》う。

里村　六年前は、「日本のために」ということで、例えば、「日本が狙《ねら》われるとしたら？」という質問について、非常に親切にお答えいただきました。

ヒトラー　わしは親切だからなあ。それは、まあ、「敵の汚《きたな》いやり口」みたいなのは、すぐ直感で感じるからなあ。

六年前の「ヒトラーの霊言《れいげん》」の内容が現実化しつつある

里村　ちなみに、私も、六年前の総統の霊言《れいげん》を改めて読み返してみたのですが、すごいなと思うのは、まず、「日本のどこを狙うか」という質問に対して、二〇一〇年六月の段階で、「原子力発電所だ」と、ピタッとおっしゃっていることです。

ヒトラー　ああ……。

里村　ある意味、確かにその後、それは日本で起きております。まあ、地震《じしん》による津波《つなみ》が契機《けいき》になりましたけども。

ヒトラー　今は、あそこも、なあ？　あの、ブリュッセルだかなんかのテロ？

里村　はい。

ヒトラー　そういうのがあったらしいが、それも、「本当は原子力発電所を狙ってたけど、それを察知されて警備を強化されたので、場所を変えて地下鉄などを狙った」とかなんか言うとるなあ。

2016 年 3 月 22 日、ベルギーの首都ブリュッセルにおいて、国際空港と市の中心部にある地下鉄の駅で相次いで爆発があり、32 人が死亡。イスラム過激派組織「イスラム国」が犯行声明を出した。爆発テロがあったブリュッセル空港（左）。ベルギーの首都ブリュッセル中心部で、連続テロの犠牲者を悼む人々（右）。

里村　よくご存じでいらっしゃいます。確かに、そういう情報が出ています。

ヒトラー　うんうん。いやあ、わしはねえ、もうねえ……。今、地獄界《じごくかい》にもテレビが入っとるのは知ってるか?

里村　ああ、あの……。

ヒトラー　ああ、いや、地獄界じゃ……（会場笑）。

里村　自《みずか》ら「地獄」とおっしゃいましたね（笑）。

ヒトラー　いやあ、地獄界ではないけども、〝フューラー（総統）特別室〟にはテレビが入っとるんだ。

里村　いや、非常に話が早くていいです（会場笑）。

ヒトラー　大型のなあ、まあ、〝シャープ〟が寄付してくれたんで、最近なあ。

里村　〝シャープ〟が寄付してくれたんですね（笑）。

ヒトラー　うん。

「天才に訊《き》け」と自画自賛《じがじさん》するヒトラー

里村　六年前は、「第二段階として、次は、東京や大阪《おおさか》など、日本の大都市をミサイルで狙うぞ」というようなこともおっしゃっていました。

ヒトラー　ああ、うん、まあ、そうだろうなあ。

里村　まさに今、その状況《じょうきょう》が、北朝鮮《きたちょうせん》という国によって、ある意味、現実化しようとしています。

ヒトラー　なるほど、なるほど。

里村　はい。そういうことで、総統の「見立て」というのは、私は、やはり、非常に参考にさせていただくところがあると思います。

ヒトラー　君たちは、友軍だからなあ。やっぱり、参考になることを言ってやらないとなあ。

里村　友軍？

ヒトラー　うん。日本とは、まだ、私は同盟を解消していないから。

里村　分かりました。では、そのようなお立場であるとお考えでしたら、嘘ではなく、ぜひ、本当のところ、忌憚《きたん》のないところをお聞かせいただきたいと思います。

ヒトラー　やっぱりねえ、天才に訊《き》かないと駄目《だめ》なわけよ。こういうのねえ、「軍事的、政治的天才」っていうのは、やっぱり、歴史上いるわけね。だから、天才の意見や、ひらめきはねえ、天才に訊かなきゃ駄目なんだ。「天才ならどうするか」っていうことを聞けばねえ、だいたい見破れるけど、凡人《ぼんじん》が何人集まっても、やっぱ無理は無理だね。

混沌《こんとん》としてきた国際情勢を、ヒトラーはどう見るのか

里村　今、本当に国際情勢は混沌《こんとん》としてまいりました。

ヒトラー　そうなんだ。

里村　まず、この六年間で起きたことを一つ取っても、「イスラム国（ISIS《アイシス》）」というものが台頭《たいとう》して、中東に大きな戦乱が起きています。ここでは、シリアも関係しております。

ヒトラー　うん、うん。

里村　一方で、バラ色の未来に見えたEUが、大きくつまずいています。また、中

国が南シナ海に、はっきりと基地をつくろうとしています。さらに、ロシアでは、ウクライナの一部であるクリミアを、「ロシア領だ」と言って、事実上の割譲《かつじょう》のほうに動いています。ほかにも、本当にいろいろな動きがあり、アメリカの大統領選も、今までにない候補者が支持を集めています。

ヒトラー　うん、うん、うん。

里村　そうしたなかで、「第一次世界大戦から第二次世界大戦に行く過程に、非常に似てきた」という見解がけっこう多いわけです。このあたりについて、総統はどのようにご覧になっているのでしょうか。

ヒトラー　うーん。君は、なかなか見識が広いなあ。

里村　いえいえ、とんでもございません。

ヒトラー　うーん。ああ、勉強になるなあ。

里村　いえ、こちらが勉強させていただきます（笑）。

ヒトラー　いやあ、弟子入《でしい》りせないかん。「現代政治学」の勉強は、わしも、ちょっとせないかんでなあ。うん。いやあ、君はかなり広範《こうはん》なことを言ったから、もうちょっと、一個一個訊《き》いてもらえんかなあ。

里村　はい。これから訊いていきたいと思います。

ヒトラー　なるほど。ああ、そうか。

里村　要するに、総括《そうかつ》して簡単な言葉で言うと、「キナ臭《くさ》くなってる」ということです。

ヒトラー　うん。まあ、そのとおりだ。火薬庫だらけだ。

里村　それは、間違いないですね？

ヒトラー　あっちもこっちも火薬庫がなあ。収まらんでしょう。どこも話し合いで収まるようなレベルでは済まん感じはするなあ。ああ。

里村　「話し合いでは済まない」と。

ヒトラー　ああ。済まないなあ。

独裁者は国民の意見を反映しているところもある

里村　第二次世界大戦前夜では、「話し合いで解決しよう」ということで、総統と、イギリス、フランス、イタリアのトップが会談をしました（ミュンヘン会談）。

ヒトラー　うん。そう、そう、そう、そう。

里村　しかし、それでは解決がつかなかったわけです。

ヒトラー　いや、本心を隠《かく》して、表面だけ外交的に丸めようとしても……。まあ、努力はするんだけどねえ。弱々しい善人たちが、必ずそういうことをやるんだけどねえ。だけど、どっかでやっぱりなあ。

あのねえ、政治指導者じゃないんだよ。国民のほうがねえ、不満が爆発するんだよ、抑《おさ》えられなくなってねえ。「許せない」っていう。表面だけ〝なでなで〟しても、「許せない」って爆発してくるんだよねえ。

私らは、まあ、独裁者として、それは、批判を一身に受ける立場にはあるけどね。ただ、やっぱり、本当は国民の意見を反映はしているところもあって、その「感情」っていうか、「気運」、「気分」というかねえ。まあ、国家的な気分を反映してるわけで。

「ナチ」ったって、そういう、なんか、「誰《だれ》か一人、二人が、みんなを悪の道に導いて、破滅《はめつ》させた」と言いたい気持ちは分かるよ。民主主義としては、「多数は間違わない。間違うのは、いつも、独裁者、少数の人が間違う」と言いたいのは分かるし、戦後日本もそう言われてるんだろうとは思う。

しかし、本当はそうじゃないな。

日露《にちろ》戦争への気運が高まった「三国干渉《さんごくかんしょう》」

ヒトラー　日本の戦争だって、やっぱり、国民的気運として……。だって、もとは、〝あれ〟じゃないかあ。やっぱり、三国干渉《さんごくかんしょう》あたりから始まってるよねえ？

里村　はい。

ヒトラー　せっかく勝ったのにさ。日清《にっしん》戦争に勝ったのにねえ、有力国が「領土を返せ」って。

戦争に勝った〝獲物《えもの》〟は正当なもので、今の世界だって、第二次大戦で勝った者が取ってるよね、平気でね。

里村　はい。

●三国干渉　1895年、日清戦争後、下関条約によって日本が遼東半島を取得したことに反対して、ロシア、ドイツ、フランスの三国が、日本に、遼東半島の清国への返還を求めた。

ヒトラー　だけど、「それを返せ」と（他国が日本に）圧力をかけてきたんで、悔《く》しくて、臥薪嘗胆《がしんしょうたん》でなあ？　日露《にちろ》戦争が起きてなあ？　その後、また、第二次大戦が起きてなあ？　領土の取り合いをずっとしてるわけだから。

まあ、「何が正義」ったって、力関係でけっこう変わるもんはあるよなあ。力が強い者には勝てないもんなあ。

だから、力の弱い者は、自分と共闘《きょうとう》してくれる者と力を合わせて防げるか、あるいは、勝てるか。あるいは、それでも負けるか。まあ、そういう選択肢《せんたくし》しかないわなあ。

いや、歴史において、本当は「善悪」って言うてもねえ、結局、「勝者の歴史」にしかすぎないんだよなあ。

里村　ええ。

●臥薪嘗胆　「仇を討つために、長い間、試練に耐えること」という意味の故事。日本史上では、日清戦争後の三国干渉に対して、日本国民の反発が高まり、「臥薪嘗胆」が国民の合言葉となった。また、「三国干渉の原因は軍事力の不足」との認識が広まり、ロシアとの戦争に備え、軍備増強が行われた。

ヒトラー　だから、「敗者が勝者になる」っていうのは、まあ、それはキリスト教みたいに、宗教で長い歴史を持っておれば逆転現象っていうのが起きることはあるんだけどねえ。ただ、こういう政治・軍事の歴史では、やっぱり勝った者が歴史を書くわなあ、一般《いっぱん》にはねえ。

里村　はい。

3　ヒトラーはトランプ氏をどう見るか

アメリカ国民は「口だけの政治家」にうんざりしている

里村　今、ヒトラー総統から非常に重要なお話を伺《うかが》いました。要するに、独裁者は、何もないところから生まれるのではなくて、大衆の不満などから生まれてくるわけですね。

ヒトラー　そうなんだよ。

里村　では、ここで、具体的な、個別の事例に入りたいと思います。今、アメリカの大統領選においては、共和党の候補者の一人であるトランプ氏がトップを行っているという状況《じょうきょう》です。

ヒトラー　うん。

里村　トランプ氏は、もっと早くに失速すると見られていたのですが、そうならず、最近では、「アメリカ国民の不満等が背景にある」など、そういう解説がなされています。

ヒトラー　うん。

里村　まず、こういったトランプ氏のような方、あるいは、今のアメリカの現状、つまり、トランプ氏を推《お》すアメリカの大衆の思い、集合想念について、総統はどのようにご覧になりますか。

ヒトラー　うーん……。（アメリカ国民は）いわゆる口だけの、演説のうまい政治家には、うんざりしてるんだろうとは思うよ。

実際に、何て言うかなあ。まあ、経営者っていうかなあ、実業家っていうかなあ、「そういう人のマインドに期待したい」と思ってるんだと思うんだなあ。だから、「経営感覚と実務的な判断力のある人がやってくれれば、もうちょっと、シャンッとするんじゃないか」と。

オバマさんにしたって、ヒラリーさんにしたって、演説だけは言うけど、実際、経営はできないし、やっぱり、いざというとき、戦争間際《まぎわ》の戦いや抗争《こうそう》が起きたときには、腰砕《こしくだ》けになってしまってね。世界の超《ちょう》大国だったアメリカが、あっという間に、覇権《はけん》争いのほうに追い込《こ》まれてきつつある。「ロシア」にも脅《おびや》かされ、「中国」にも脅

『守護霊インタビュー
ドナルド・トランプ
アメリカ復活への戦略』
（幸福の科学出版刊）

かされてきてるよなあ。

この凋落《ちょうらく》感は、アメリカ人も感じている。

そして、「この凋落感を何とか克服《こくふく》したい」と思うと同時に、「アメリカを弱らせてる一つである財政赤字的なものも減らしたい」と思っている。

「これができるのは誰《だれ》か」っていうふうに考えれば、やっぱり、経営的なものの考え方もできて、言うべきことをはっきり言うタイプの人だよな?

里村　ええ。

ヒトラー　「いいかっこしい」じゃなくてな。「ノーベル平和賞狙《ねら》いの、いいかっこしいではなくて、そんなものにご縁《えん》がなくて結構だから、言いたいことは言う」と。
例えば、「アメリカを悪くしてるのは、中南米からの不法難民、メキシコからの難民等だ。彼らが、麻薬《まやく》は持ち込むわ、犯罪は持ち込むわ、病気は持ち込むわで、国力を落としてる」と。

これについて、（トランプ氏は）「万里《ばんり》の長城《ちょうじょう》を築きたいぐらいや」と、こう言うとるわけでしょ？

里村　はい。

ヒトラー　それは、そう不満に思ってる人がいっぱいいるわけよ。やっぱり、それに対してスキッとするわなあ。言ってることに一理あるわなあ。

里村　ええ。

「パターナリズム（父性《ふせい》）の復権」を求めるアメリカ

ヒトラー　あとは、やっぱり、「政治家は、金の使い方について、経営者的な判断ができん」っていうこと。これが大きいわな。

オバマさんは、軍事的に撤退《てったい》することで財政再建して、国内でばら撒《ま》くほうに入ろうとしたんだろうけど、おそらく、トランプだと、どっちも考え直すと思うんだよな。

「軍事的な部分で金を使いすぎてる」っていうのは、そらあそうだろうけども、アメリカの軍事力がなくなってもいけないので、効果的に使いながら、アメリカが護《まも》ってる国々に、自分の金を使わそうとするだろう。

経営者としては、絶対、そういう考え方をするから、日本やヨーロッパ、その他のいろんなところで、アメリカが自分の手下として使いたいところに自主防衛させることで、（アメリカが）使う金を減らしていく。

あとは、国内の経済を弱らせてる原因であるところの、〝持ち出し〟になってる部分をカットして、そして、国内でいつの間にかアメリカ人になりすましてる人、（アメリカが）ばら撒きをいっぱいさせられてる人たちに対して、「もう一回、（アメリカ国民の）資格を問う」ということをやるわけでしょう？
そういう意味で、アメリカ人が、何て言うか、「強い父親」みたいな感じのものの復権、つまり、パターナリズム（父性《ふせい》）だなあ。それの復権を求めてるっていうのが大きな流れじゃないかなあ。
これを、ヒラリーが代われるかっていったら、代われないところがあるんじゃないかなあ。

里村　はああ。

富を生み出す発想をしているドナルド・トランプ氏

里村　「ヒトラー総統の分析《ぶんせき》は、非常に鋭《するど》いな」と……。

ヒトラー　だから、天才なんだよぉ。それは間違《まちが》いないんだよ。

里村　「（アメリカは）経済的苦境とともに、国の威信《いしん》が落ち、それに対する国民の不満が溜《た》まっている」ということで、ある意味で、まさに第一次世界大戦後のドイツが迎《むか》えた時代状況と似たものを感じます。これに対して、トランプ氏が出てきました。

そして、共和党、民主党を含《ふく》めて、アメリカの大統領候補者が、「インフラ整備」をまずあまり言わないなかで、トランプ氏は、珍《めずら》しく交通インフラをはじめとするインフラの整備を言っているところが非常に特徴《とくちょう》的です。

まあ、総統も、アウトバーンをはじめ、こうしたインフラ整備もされたと思いますが、こういうところを見たときに、トランプ氏には、ある意味で、非常に優秀《ゆうしゅう》なリーダーの資質があると思われますか。

ヒトラー　実業家なら、当然、考えるべきことを考えてるんじゃないかな。それら

●アウトバーン　ドイツの自動車高速道路のこと。ヒトラーは、陸上交通網の近代化に力を入れ、世界初の本格的な高速道路ネットワークを誕生させる。そこには軍用輸送と失業対策の二つの目的があった。

は国を富ませることでしょ？　借金を減らして国を富ませていく、「富を生み出すには、どうしたらいいか」っていう発想から考えれば、やっぱり、考え方は、みなある程度、似てくるはずで。そういう発想がない人にとっては、まったくない発想だけどね。

だから、オバマさんに任《まか》しときゃあ、だんだん、アメリカがキューバと対等になっていくような、そういう〝脱力感《だつりょく》〟っていうのかなあ。まあ、それで、「世界が平和になった」と感じる人もいるだろうけれども、それが、ほんとに世界の平和になるのかどうか。おまわりさんの交番に、お坊《ぼう》さんが立ってるような。アッハッハッハッハッハッハッハッハッハ（笑）。そんな感じにはなってきたんじゃないかねえ。違うか？

『オバマ大統領の新・守護霊メッセージ』
（幸福の科学出版刊）

『バラク・オバマのスピリチュアル・メッセージ』
（幸福実現党刊）

里村　ヒトラー総統から、「世界の平和になるか」というお言葉が出るとは思わなかったです。

ヒトラー　アッハッハ。面白《おもしろ》い。次はなあ、「ノーベル平和賞」に代わって、〝ヒトラー平和賞〟ってのを世界に配らないかんなあ。ハハハハ（笑）。

「アメリカのメキシコ化が進んできている」

綾織　今日は、「危険な独裁者の見分け方」というテーマで……。

ヒトラー　ああ、そらあ教えたい。私がいちばんよく分かるだろう。

綾織　確かに、トランプ大統領候補を経営者としての視点で見るときに、非常に優秀な点が見えてきます。ただ、今、心配されているのは、ヒスパニック系を差別し

●ヒスパニック系　アメリカ合衆国に住み、スペイン語を母国語とする、メキシコなどの中南米出身者とその子孫のこと。

たり、イスラム教徒を排斥《はいせき》したりというところです。そこが、「ヒトラー的ではないか」と言われているわけですが……。

ヒトラー　ヒスパニック系は、だから、〝あれ〟だろ？　「アメリカの税金を盗《ぬす》んどる」と思っとるわけでしょ？　だいたいな。

綾織　はい。

ヒトラー　まあ、でも、ある意味では当たってんじゃないの？（笑）　そうなんじゃないの？　豊かになりたくて、アメリカに忍《しの》び込んできてるんだろ？

綾織　はい。そうですね。

ヒトラー　アメリカの豊かさを、アリが砂糖を噛《か》んで崩《くず》していくような感じで、やられてるわなあ。
それで、アメリカでなあ、スペイン語が第二言語になってきて、アメリカの国が変わってきてる。「アメリカのメキシコ化」が進んできてるわなあ。「中南米化」が進んできてる。これを食い止めたいわなあ。

里村　うーん。

ヒトラー　中南米とアメリカも仲悪いわなあ。やつらは麻薬で資金を稼《かせ》いで、アメリカ人を、だんだん文明的に破壊《はかい》しようとしてるように見えるわなあ。過去の復讐《ふくしゅう》みたいな感じを受けてるわなあ。
やはり、（トランプが）「万里の長城を築きたい」っていう気持ちは分かるな、私としては。気持ちは分かる。

綾織　気持ちは分かるんですね。

ヒトラー　うん。だから、今やってることについて、「善か悪か」っていうことは、まだ何とも言えん。

トランプ氏の「ヒトラー的な部分」とは

ヒトラー　それから、グアンタナモの……。

里村　グアンタナモの収容所ですね。

ヒトラー　収容所かあ。

里村　はい。水責めの復活……。

ヒトラー　ああ。（テロ容疑者の）水責めなんかも、トランプは賛成なんでしょ？「（水責めを）やめたら、吐《は》かんじゃないか」っていうんだろ？

里村　ええ。

ヒトラー　実に、費用対効果をよく分かっとる人やなあと思うなあ。

里村　（笑）

ヒトラー　「オバマのやり方だと、何にも効果を生まん」と主張してたよな。ノーベル賞をいくらもらったってねえ、何にも解決しない。

アメリカに対して、テロなんかを計画してるようなやつとか、犯罪を犯《おか》そうとしてるやつとかの秘密というか、計画を吐かせるというのは、それは、すごい利益があることだからなあ、アメリカにとっては。「そんな、水責めぐらい何だ」ということだなあ。もし、人一人死んだとしても、アメリカ国民が、何十万、何百万と助かったら、そらあ、大統領としては支援《しえん》せざるをえない。

まあ、こういうことだから、はっきり言えば、非常に考え方が分かるんだよなあ、彼の考え方はなあ。

綾織　ただ、それが人種差別的なものにつながっていくのかどうか、あるいは、ユダヤ人虐殺《ぎゃくさつ》的な方向に行くのかどうかというところが、「ヒトラー的なのか、そうでないか」を分けると思うのですけれども。

ヒトラー　まあ、それは「結果」だから分からんけどさ。「結果」だけど、まあ、アメリカの取るべき一つの方法であることは間違いないわなあ。
ただ、君たちから見れば、「トランプ氏は、中国人と日本人の区別もついとらんらしい」っていうあたりは、心配なところではあるわなあ。「どこが違うわけ?」というふうに思っとるらしいからなあ。日本が中国に取られても、別に、「もともと一緒《いっしょ》になったらいいんじゃないの?」みたいに思っとるかもしらんわなあ。

綾織　では、少し角度を変えまして、ヒトラー総統としては、トランプさんは、応援したいタイプの方ですか。

ヒトラー　うーん、まあ……。

綾織　導きたい?

ヒトラー　「イスラム国」なんかの解決の仕方については、「ああいう、生《なま》ぬるいことをいつまでやったって、もうしょうがない」っていう考えでしょ？　だから、「戦術核《かく》を撃《う》ち込む」っていうんでしょ？　さすがはビジネスマンだねえ。

里村　（苦笑）

ヒトラー　結果を早く出してしまう。戦術核を撃ち込まれたら、まあ、終わるでしょうねえ。うーん。確かに終わる。

里村　はい。

ヒトラー　それは〝ヒトラー的〟だ、確かにね。そらあ、〝ヒトラー的〟だ。ただ、早く終わるね、確かに。もう延々と空爆《くうばく》を続けて、次に地上戦をやってたら、死骸《しがい》の山でしょうね、たぶんねえ。

「経営的には、民主主義の反対が正解になる」

里村　よく、「経営者は独裁者だ」と言われますが、まあ、取締役会《とりしまりやく》があるので……。

ヒトラー　いやあ、独裁者ですよ。だいたい立派な経営者は独裁者ですよ。結果が黒字で会社が潰《つぶ》れないで発展すれば称賛《しょうさん》されるし、潰したら、それはもう死刑《しけい》宣告と一緒でさ。私が自殺したように、まあ、自殺するか、あるいは、刑務所に封《ふう》じ込められる。これが経営者だよな？

里村　ええ。

ヒトラー　だから、経営者は、自殺か、刑務所行きになるか、それとも、独裁で黒字を出して、会社を潰さないかという、ギリギリのところまで追い込まれるでなあ。成功すれば「英雄《えいゆう》」で、失敗すれば「悪魔《あくま》」なんだよ。

里村　そうすると、トランプ氏は、当然、（政治では）株主に当たる国民に対して、「早く成果を出すこと」で、それを見せようとするだろう、と？

ヒトラー　うん。戦術核でも撃ち込んで、（相手が）降参すれば終わりが早いからね。

里村　ええ。

ヒトラー　そして、油田地帯を全部、アメリカがまた押《お》さえてしまえば、ハッハッハッハ（笑）、あっという間に、（アメリカが）世界の支配者に戻《もど》るだろうよ。

釈　では、トランプ氏の将来性について、ヒトラー総統から見て、「彼には将来性がある」と見えるのか。それとも、何か弾《はじ》くものがあるのか……。

ヒトラー　いやあ、私は、民主主義、大賛成だからねえ。民衆が支持するんだったら、その方向でやるしかない。だけど、その結果については民衆が受けるべきだねえ。

だから、成功する場合もあるし、成功しない場合もある。

経営というレベルから言うと、民主主義は間違ってるわけよ。それは、いわゆる民主的経営に当たるわけで、「従業員一万人の会社で、従業員の投票によって経営判断する」っていうようなことができるかっていったら、できない。実際はできない。やっぱり、社長業をやってる人でないと経営判断はできないし、最終的に、その人一人が責任を取らないかんでしょう？

つまり、経営学的に見りゃあ、政治的な民主主義は間違ってるんですよ。間違ってるから、多数の投票による選択《せんたく》行動は、たいてい〝逆〟に出る。平社員の判断がいちばん多くなるわけですよ。いちばん下の、最下層の人の人数がいちばん多い。ヒラがいちばん数が多いんですよ。

里村　ええ。

ヒトラー　ただ、ヒラが、会社としての経営危機を切り抜《ぬ》ける経営判断を正しく出せるかっていったら、出せない。現実には出せないから、民主主義の反対が経営的には正解になるわけね。

そういう手腕《しゅわん》を期待する声が強かったら、それは、それに臣従《しんじゅう》するしかないし、「経営なんか、どうでもいいんだ。アメリカは国家破産したって構わないんだ。とにかく、みんなが暴《あば》れないで言うことをきいてくれればいいんだ」ということで、みんなの言うことだけきいて、それをやるっていうんだったら、ちょっと違ったやり方もある。

まあ、トランプは、強い父親的な厳しさを持ったやり方を、たぶんやるだろう。ただ、それで「いい息子《むすこ》」ができる場合も、「不良の息子」ができる場合も、両方あるから。これについては分からない。これは、アメリカ自身が、今後、やらなきゃいけないし、世界が、それをどう受け取るかということだわな。

あるいは、国連なんかも、まあ、弱者連合になりつつある傾向《けいこう》もあるからな。

里村　ええ。

ヒトラー　国連の指導力がないところを、アメリカがカバーするのか、アメリカは放棄《ほうき》するのか。まあ、日本もそうなるかもしれないが、「脱国連」になるか。いや、これはねえ、まさしく、君たちが未来に対して責任を負わねばならんところだわな。

里村　はい。

「弱い指導者を持つことで、世界大戦が起きる可能性がある」

ヒトラー　わしとしてはね、まあ、次に、ヒラリー氏が（大統領に）なるんだったら、それはやっぱり、オバマ氏の延長になるだろうとは思っているよ。口を出す以外の外交は、たぶんできん。口で警告して、例えば、国連で「制裁する」ぐらいのことしか言えなくて、実際に流れる血が多くなって、延々と、赤字は垂《た》れ流すし、人間の血も垂れ流すかたちになる。もしかしたら、被害《ひがい》はこちらのほうが多いかもしれないと思ってます。こちらの被害が大きいかもしれない。

『ヒラリー・クリントンの政治外交リーディング』（幸福実現党刊）

里村　ああ、ヒラリーになったほうが、流れる血は多くなる?

ヒトラー　うん、うん。なんせ、いい格好するから。

里村　ほお。

ヒトラー　いい格好するために、強制力のほうが働くのが遅くなるので、紛争《ふんそう》が拡大する。

で、その間、時間を稼げれば、例えば、「イスラム国」なんかは、味方を増やしていったり、油田を占領《せんりょう》していったりする可能性もあるので、戦いとしてはもっと大きな戦いになって、結果はもっと悲惨《ひさん》になる。

それと、イスラム教国も、できるだけ味方を引きずり込みたいだろうからね。アメリカ寄りとか、ヨーロッパ寄りとかになってるところも、全部、鞍替《くらが》えしていきたくなるだろうから、イスラム圏《けん》が全部、束《たば》になった場合は、ものすごい世界大戦のもとになるので。

弱い指導者を持つことによって、世界大戦が起きる可能性はあるな。

里村　ほお。

ヒトラー　だから、「どちらがヒトラー的か」と言われても、いや、〝ヒトラー自身〟も、それはよう分からんわ。

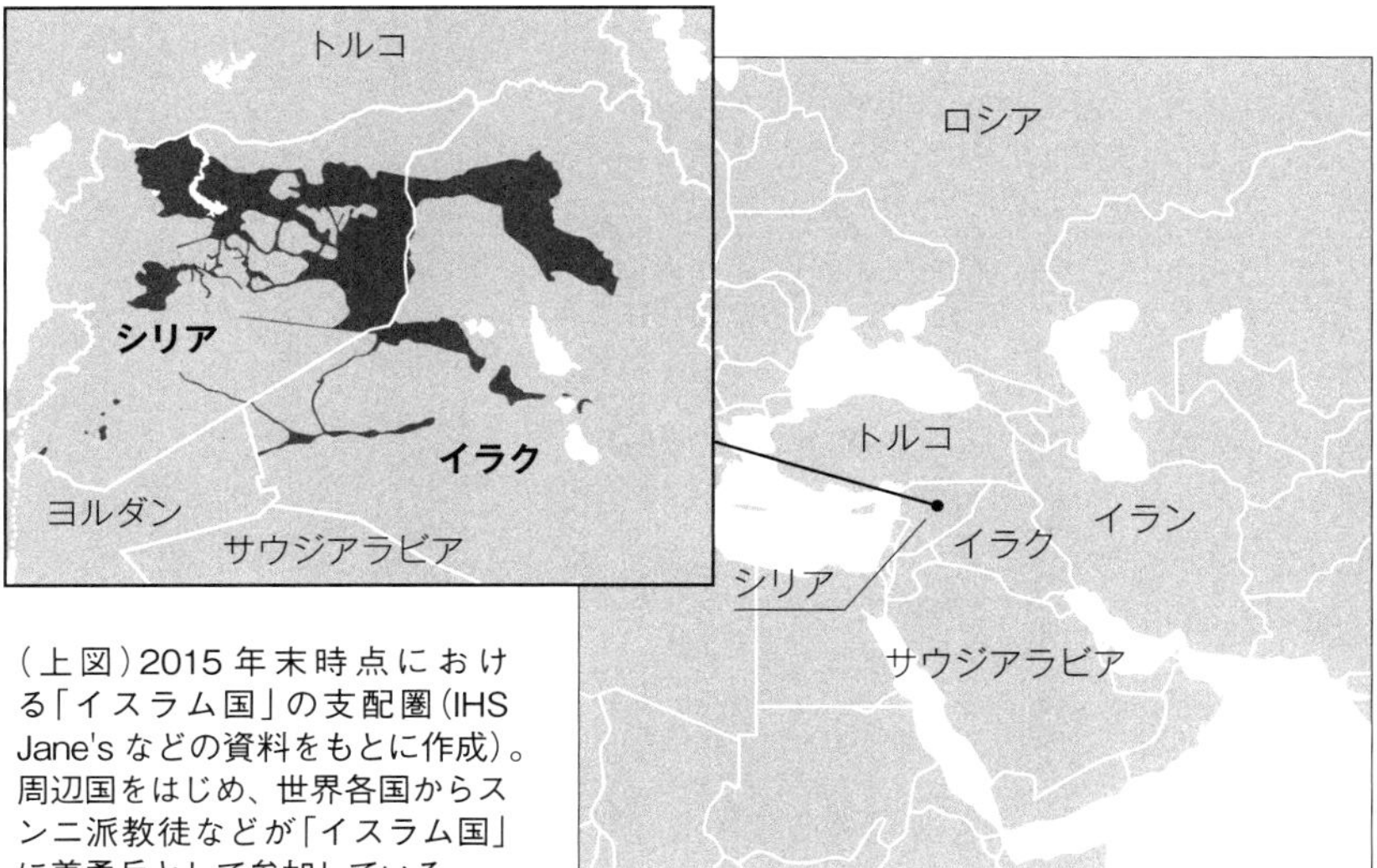

（上図）2015年末時点における「イスラム国」の支配圏（IHS Jane's などの資料をもとに作成）。周辺国をはじめ、世界各国からスンニ派教徒などが「イスラム国」に義勇兵として参加している。

里村　それは、「ヒトラー的か」という観点ではなくて、要するに、世界的に流れる血が少ないことが非常に大事であって……。

ヒトラー　うん。

里村　むしろ、民主党の候補がアメリカの大統領になった場合は、世界大戦の可能性があるということですね。

ヒトラー　ベトナム戦争みたいな感じで、延々と続いて、死者が増え続ける。ベトナム戦争だって、アメリカは数万だろうが、ベトナム人等は何百万と死んでますからねえ。

里村　ええ。

中東に起きる第三次大戦の可能性

ヒトラー　だから、アラブ人たちをだねえ……。今は、まあ、もう「万」の単位は行ってると思うんだが、まあ、数万は死んでると思うけどもね。

これが、周りの地域まで含めて、例えば、トルコとか、サウジアラビアやイランや、このへんまで全部巻き込んでき始める大きな大戦になった場合は、何百万、何千万の死者が出る可能性はありますよ。

それに、またロシアなんかも加わってきたりしたら、もう大変なことになるからねえ。すごいことになる。

だから、中東に、第三次大戦の可能性は、ないとは言えないよ。

そういう意味では、まあ、いいかどうかは分からんけど、緊急措置《きんきゅうそち》としてはだなあ、「電撃戦《でんげきせん》」っていうのは、ある意味ではありえるなあと、わしは思うけどねえ。

里村　どこでの「電撃戦」ですか？

ヒトラー　いやあ、だから、簡単なんですよ。戦術核なんかアメリカには掃《は》いて捨てるほどあるから、それをＩＳＩＬ《アイシル》（イスラム国）の本拠《ほんきょ》があるあたりに二、三発撃ち込めば、だいたい終わるよ。

里村　はあ……。それは、要するに、トランプを選ばなかったとしても、そういうことが……。

ヒトラー　いやあ、できない。その前は、そういう通常戦による死者がものすごく大きくなって……。

里村　ああ、数が増えるということですよね？

ヒトラー　戦争の面積がすごく増えてくるかたちになって、最後、もう全部、焼き尽《つ》くしたら火が消えるような感じの終わり方になるかもしれないなあ、っていうことだなあ。

4　中東とEUには独裁者が必要？

政治的安定をつくるために立てられたアサド政権

綾織　「危険な独裁者か、そうでないか」というのは、基本的には、「結果でどうなるか」というところがいちばん大きいと考えているわけですね？

ヒトラー　それは、後世の歴史家が言うことだからさあ。

綾織　うーん。

今の、「イスラム国」、あるいは、シリアの内戦の問題で、いちばん行動的になっているのは、ロシアのプーチン大統領です。空爆《くうばく》に入って、今回は撤退《てったい》すると決めました。

ただ、結局、ロシアが動くことによって、その後、アサド政権は温存《おんぞん》されているものの、和平の方向性が少し見えてきています。

そのため、「プーチン大統領も独裁者で、ヒトラー的である」と言われているなかで、「本当なのかな？」という気持ちもあるのですが、どのように見られていますか。

ヒトラー　いやあ、プーチンはねえ、「政治的指導者のなかには、やっぱり独裁的要素は必要だ」っていうのを知ってはいるんだよ。言うことをきかないもん、だいたいねえ。ロシアみたいに多民族を持ったら言うことをきかないから、やっぱり、ある程度の怖《こわ》さを持って……、まあ、強面《こわもて》？

里村　ええ。

ヒトラー　強面でないと、言うことをきかないのは、よく知ってるんだよ。だから、アサドだってそれを……、何て言うのかなあ。うーん、（アサドに）「邪《じゃ》悪《あく》な部分」があるのは、（プーチンは）よく知ってると思うよ。とっくに知ってるけども、その程度の人でも置いとかないと、まとまらないと見てるから、邪悪性はあってもそれを認めることで、何と言うか、政治的安定をつくろうと考えてるわけでしょ。

里村　はい。

ヒトラー　「悪だから」ということでそれを消せば、あとには混沌《こんとん》状態が訪《おとず》れて、「誰《だれ》がまとめるんだ」っていうことになるからね。まあ、そういうことなんじゃないかと思うけどねえ。

里村　うーん。

ヒトラー　中東はそういう強い指導者があんまり出にくいところであるんで、多少なりともカリスマ性がある人は、上手に操縦できれば、統治に使えるからなあ。そんな関係だろうと思う。

まあ、これはたぶん、オバマの失敗だろうねえ。

アサド政権のもっと初期の段階で、あの独裁者を取り除いて、アメリカ軍を駐留《ちゅうりゅう》させて、シリアを安定させるっていうことをやるのが、アメリカの本来のやり方だろうから、それを、優柔不断《ゆうじゅうふだん》で中東から退《ひ》いていったところで、この紛争《ふんそう》は拡大したわなあ。

だから、「これをどういうかたちで終わらせるか」っていうことは考えないといかんところじゃないかなあ。

イスラム教の戦いにキリスト教徒は介入《かいにゅう》すべきではない

里村　結局、「イスラム国」が伸《の》びてきたことも、オバマ大統領が中東から手を引くというところと関係がありますか。

ヒトラー　うん、そうだよ。関係あります。イラクからも退《ひ》いたしねえ。結局、そのへんの弱いところで、やっぱりスンニ派が結集してきて、自分たちの立てこもるところを増やそうとしているわけでしょう？

里村　はい。

ヒトラー　で、スンニ派は世界にあるからさあ。だから、みんな、周りに援軍《えんぐん》がいっぱい来るんだろう？

『イスラム国“カリフ”バグダディ氏に直撃スピリチュアル・インタビュー』(幸福の科学出版刊)

里村　ええ。

ヒトラー　この「シーア派 対 スンニ派」のイスラム教の戦いのなかに、キリスト教徒なんか介入《かいにゅう》できないですよ。もう分からないですから、こんなもんねえ。介入できないし、すべきでもないことかもしれないね。

だけど、スンニ派の大統領を悪として叩《たた》き潰《つぶ》したために、シーア派のほうが強くなって、スンニ派が追い込《こ》まれているわけな？　それで、今、政治的攻撃《こうげき》により、〝絶滅《ぜつめつ》〟しかかるところを復興させようとしてるわけだから、内部の考えが全然違《ちが》う。

里村　はい。

●スンニ派の大統領を悪として……　2003年にアメリカがイラクへ侵攻し、2006年、イスラム教スンニ派のサダム・フセイン大統領が死刑となって、フセイン政権は崩壊。その後、樹立された新政権の要職をシーア派が占め、スンニ派は弾圧を受けた。そのため、イラクのスンニ派住民は、反シーア派を鮮明にしている「イスラム国」に賛同するようになる。

ヒトラー　だから、まあ、テロをやられてるヨーロッパのほうから報道すりゃあさあ、ものすごい悪なるものに見えるだろうけど、なかから見りゃあ違うよなあ。地下鉄テロをやってる人たちも、それはゼロ戦で突《つ》っ込んでるようなつもりでいるだろうよ。君たち（旧日本軍）のまねをしてるんだからさ、彼らも。ハッハッハッハッハ（笑）。

里村　われわれとしては、「まねではないぞ」と言いたいところがあるのですけれども……。

ヒトラー　ハッハッ（笑）。だけど、まねなんだよなあ、実際は。

「ＥＵは『第二のヒトラー』を必要としている」？

里村　今、総統からシリア情勢の話が出たのでお訊《き》きしますが、今回のベルギーも含《ふく》め、ＥＵのいろいろな大混乱は、やはり、結局はシリアの内乱で……。

ヒトラー　ああ、ＥＵはもう駄目《だめ》だな。ＥＵは駄目だわ。わしが言うのも変だが、「第二のヒトラー」を必要としてるな、ハハ（笑）。本当に。もうちょっと強い独裁的政治家が出てこないと、これは、もう、まとまらないね。これは烏合《うごう》の衆《しゅう》だ。

綾織　（ドイツ首相の）メルケルさんでは難しいですか。

ヒトラー　もう、メルケルは終わったんじゃないかなあ。

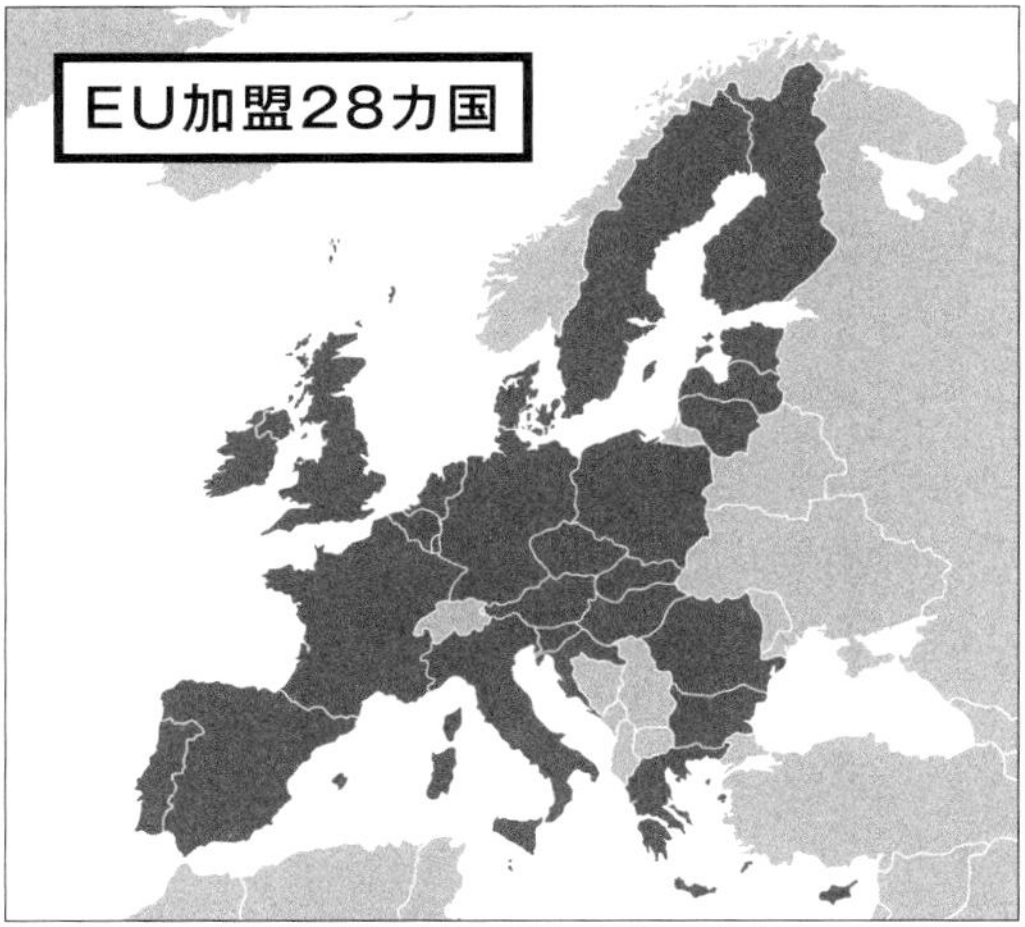

1993 年に発足した EU（欧州連合）には、フランス、ドイツ、イタリア、オランダ、ベルギー、ギリシャ、イギリスなど、28 カ国が加盟している（2016 年 4 月現在）。

綾織　終わっていますか。

ヒトラー　終わったな。

綾織　うーん。

ヒトラー　終わったし、これは民主党政権、日本の民主党（現・民進党）やアメリカの民主党と変わらんわ、そんなには。

里村　それは、何で終わったのでしょうか。例えば、「難民の受け入れを表明したところで終わった」とか。

ヒトラー　いや、頭がないわ。

里村　頭がない？

ヒトラー　うん。だから、基本的に頭がない。判断する頭がないね。ああ。それは間違ってるね。

みんな、「弱いドイツのままでいてほしい」と思ってるから、メルケルでよかったわけよ。だけど、本当は今、もうちょっと指導力のあるドイツでないとヨーロッパをまとめられない。

綾織　ドイツに独裁者が必要ということですか？

ヒトラー　いや、ドイツに出るかどうかは知らんけども、必要としてるでしょうな。

綾織　ああ。

里村　いや、しかし、それは大変なことで、ある意味で永遠の課題……。

ヒトラー　ハハハハハ（笑）。生まれ変わろうか？

里村　いやいや。

ヒトラー　生まれ変わろうか？

里村　まだ霊界《れいかい》でゆっくりしてくださって結構ですけれども（笑）（会場笑）。

ヒトラー　うん？　まだいいの？

綾織　生まれられないと思います（苦笑）（注。霊界の原則として、地獄《じごく》に堕《お》ちている魂《たましい》は反省して天上界《てんじょうかい》に上がらなければ、地上に生まれ変わることはできない）。

政治的大国にならないよう封《ふう》じ込《こ》められている「ドイツ」と「日本」

里村　でも、まさにＥＵの枠組《わくぐ》みそのものが、弱いドイツでいさせるための策だと思うのです。

ヒトラー　そうだよ。そうなんだよ。

里村　実は、日本もアジアのなかで同じ立場に置かれています。

ヒトラー　同じなんだ。そうなんだよ。そうなんだよ。

里村　今、ここに強い者がいないとEUが成り立たないわけですけれども、根本矛《む》盾《じゅん》を抱《かか》えていますよ。

ヒトラー　そうなんだよ。だからねえ、「ドイツも経済的にのみなら復興して構わない」と。これは、「政治的大国になるな」っていうことでしょう?

里村　はい。

ヒトラー　そういうことで封《ふう》じ込《こ》められているわけで。
日本も、「経済的にのみ復興してもよろしく、アジアを豊かにするための経済的な貿易とかが増えるのはよろしい。しかし、政治的には大国になるな」と。まあ、こういうことが戦後体制だよな？

里村　ええ。

ヒトラー　だから、経済的にだけ大きくて、これが今、共産主義の中国みたいなのと、イデオロギー的にはぶつかってきたんだろうねえ。

あっちは政治のほうで一元支配的なものの考えを持ってるけど、日本は政治のところが空白。空白、ドーナツ状態なんだ。

里村　はい。

ヒトラー　「経済だけ」と考えてた。これは長く穴が開《あ》いてるからさ、支配される可能性はあるわなあ。

5　日本は「独裁国家」に向かっているのか

「『安倍《あべ》首相はヒトラー的』という比喩《ひゆ》は日本人にとっては適切」

ヒトラー　（釈に）どうぞ。

釈　先ほどおっしゃったようなことが、まさに今の日本の問題なのですけれども、安倍《あべ》首相をヒトラーになぞらえるような……。

ヒトラー　うん。ああ、それは適切な比喩《ひゆ》ですね（拍手《はくしゅ》する）。適切。

釈　適切ですか。

ヒトラー　適切な比喩ですわ。日本人にとっては、そういうことだろうね。日本人にとってはね。ええ。

　まあ、世界の人から見たら、ヒトラーにしちゃあ「弱すぎる」だろうけどさ。ヒトラーにしちゃあ。実際に戦争をやってる国たちから見たら、安倍は弱いよ。弱くて、ヒトラーなんかはとても問題じゃないけど。戦後七十年の平和を貪《むさぼ》った日本人から見れば〝ヒトラー的〟に見えるっていうのは、それはそうかもしらんがな。うーん。

日本で〝ヒトラー的な政策〟を進めている中心人物とは

釈　そうなりますと、ヒトラー総統にはどう見えているのかというところなのですが、「安倍首相は弱い」と思っておられるのでしょうか。

『安倍総理守護霊の弁明』
（幸福の科学出版刊）

ヒトラー　弱いよ。弱いよ。

釈　それとも、例えば、今、日本では憲法改正について議論がなされていますけれども、ヒトラー総統がドイツ首相に就任したあと、国会議事堂放火事件というものがあり、それを口実に、結局、全権委任法を成立させて独裁権を手にされました。まさに今、日本の巷《ちまた》では、嫌《いや》な予感を感じるような方々が、憲法改正に向けて〝お試《ため》し改憲〟ということで「緊急《きんきゅう》事態条項《じょうこう》」あたりから……。

ヒトラー　そうそうそう。まあ、その感じが正しいんだよ。

里村　正しい？

●国会議事堂放火事件　1933年2月27日の夜に起こった、ドイツの国会議事堂が炎上した事件のこと。政権獲得後、ヒトラーは基盤を固めるため、議会を解散し総選挙を行ったが、その選挙期間中に事件が起こった。火災の原因は不明な点もあるものの、ナチスは共産党員が行ったものと決めつけ、激しい弾圧を加えた。

ヒトラー　マスコミの、その何？　テレビの影響力《えいきょうりょく》は大きいでしょ？　だから、テレビのキャスターたちを次々降板《こうばん》させて、マスコミ統制に入ってるんでしょ？　今、経営者たちを〝飼いならして〟、あと、消費税で〝脅《おど》してる〟んでしょ？

里村　はい。

ヒトラー　「消費税、上げるぞお？　どうする？」あるいは「軽減税率かけてほしいか？」って。税金で支配するっていうのは、為政者《いせいしゃ》として最も悪いやり方だけども、この税金で支配し、それから弾圧《だんあつ》？　許認可権で支配し、批判をする者に対しては排斥《はいせき》をかけていこうとしてるし、そして、だんだん憲法を抜《ぬ》きにして軍事大国化しようとして、憲法学者たちから批判されてるわけで。日本という、まあ、七十年、「平和国家」をやってた国の〝小さな池のなかの争い〟として見りゃあね？　それはヒトラー的といえば、そういうところがある。

それから、今は、日本の共産党も破防法《はぼうほう》（破壊《はかい》活動防止法）の対象ですし、これは、「破壊活動をいまだにする団体だ」っていうことが言いたいわけだ（注。政府は三月二十二日、日本共産党について「現在においても破壊活動防止法の調査対象団体である」との答弁書を閣議決定した）。

里村　はい。そうです。

ヒトラー　こういうことを言えるということ自体がねえ、やっぱり、そらあ、ヒトラー的な政策を進めてる。中心はねえ、麻生《あそう》（太郎《たろう》・副総理兼財務大臣）だよ。たぶん。

里村　ほほお！

ヒトラー　うん。麻生が中心なんだ。うん、安倍じゃない。麻生だ。

綾織　ほお。

ヒトラー　麻生なんだよ。

里村　そうすると、日本においては、安倍さんがヒトラー総統になぞらえられているのと……。

ヒトラー　安倍は被《かぶ》ってる〝皮〟で、（中心は）麻生だ。（政策を）出してるのは。

里村　そうすると、ワイマール体制下では、もとも

『副総理・財務大臣　麻生太郎の守護霊インタビュー』
（幸福の科学出版刊）

とは大統領がいらっしゃって、その下にヒトラー総統が首相でいらっしゃったわけですけれども、何となくあんな感じなのでしょうか。

ヒトラー　だから、麻生が〝大統領〟なんだよ。安倍が〝首相〟なんだよ、今は。

里村　はい。

ヒトラー　うーん。麻生なんだよ。

里村　「事実上の」ということですね。今、麻生太郎《あそうたろう》副総理には、「ある霊《れい》」が憑《つ》いている？

ヒトラー　今、麻生《あそう》に取り憑《つ》いてる者もいるから。ちゃんと。

里村　ええっ。

綾織　おお、そうですか。

釈　具体的に、どんな霊《れい》が取り憑いていますか。

ヒトラー　ええ？　まあ、憑いてるものは……（笑）。

里村　はい。

ヒトラー　それは……、言いにくいなあ。

里村　いやっ、でも、「憑いている」とおっしゃいましたので。

釈　ええ。お分かりであれば、ぜひ。

ヒトラー　まあ、少なくともだなあ、戦後の日本を率《ひき》いた政治家というのは、「吉《よし》田《だ》学校」といわれる、「吉田スクール」から人材が出てきているわけで、その中心の吉田茂《しげる》は地獄《じごく》にお住まいになっておられる（『マッカーサー　戦後65年目の証言』〈幸福の科学出版刊〉参照）。

里村　はい。

ヒトラー　で、それに教わった人たちが戦後の政治をつくられた。

『マッカーサー 戦後65年目の証言──マッカーサー・吉田茂・山本五十六・鳩山一郎の霊言──』（幸福の科学出版刊）

綾織　うーん。

ヒトラー　ええ、ええ。麻生は吉田の孫である。そうすると、どういうことが起きるかということだけども、今、（吉田茂は）何とかして地獄から出られる方法はないか考えているわけだよなあ？

里村　ええ。

ヒトラー　まあ、「自分たちが地獄から出られるとしたら、やっぱり、吉田スクールで教えてきたことを引っ繰《く》り返さなきゃいけないかもしれない」と考え始めてる。

綾織　ああ。修正をしようとしている。

ヒトラー　うーん。そう、そう、そう。

里村・綾織　おお。

ヒトラー　要するに、吉田茂は国家を〝去勢《きょせい》〟したわけよ。分かるかあ？

里村　はい。

ヒトラー　だから、男をなあ、男でなくしてしまったわけよ。

里村　はい。

ヒトラー　「どうもその責任を問われているらしい」っていうことを感じてるわけよ。だからね、国家を〝去勢〟しちゃったから、それを元に戻さなきゃいけないっていう動きが、今、出てきてるわけね？　それを、あの孫を通じてやり始めているわけで。

綾織　なるほど。

今の安倍《あべ》政権の動きは「正しい」のか

里村　今、保守陣営《じんえい》から出ている、「日本は普通《ふつう》の国になる。あるいは、ちゃんと自分の国を自分で護《まも》れる国になる」ということは、必ずしも非難されるべきではないと、私どもも思うのですけれども……。

ヒトラー　いや、構わないよ。やったらいいんだよ。そう、それでいいんだよ。

里村　ただ、そこに力を与《あた》えているもののなかには、地獄からの力もあるということですか。

ヒトラー　いや、もう、そんなの気にしなくていいよ。

里村　ほお。

ヒトラー　だって、それをやらなかったらやらなかったで、次は君たちが〝ユダヤ人〟になるんだからさあ。

いやあ、平和勢力は組んでもいいよ。でも、次は君たちが〝ユダヤ人〟になって、皆殺《みなごろ》しだよ。北朝鮮《きたちょうせん》と中国に皆殺しにされるのは。

里村　そこについては、またあとでお伺《うかが》いしたいのですけれども。

先ほどのお話だと、下のほうから吉田茂さんが麻生さんに取り憑いて、そして、また麻生さんが安倍《あべ》さんに対して影響力を発揮し、あるいは縛《しば》っていっているということでしたが、総統からご覧になって、これ自体は正しいのでしょうか。先ほど、「正しい」という言葉……。

ヒトラー　だから、麻生は、「ヒトラーのやり方をまねろ」って言ってるじゃない、ちゃあんと。

里村　ポロッと出ましたね？　もう三年前でしょうか（注。二〇一三年七月、麻生副総理は「ドイツのワイマール憲法もいつの間にかナチス憲法に変わっていた。誰《だれ》も気づかなかった。あの手口に学んだらどうかね」などと発言した）。

ヒトラー　うーん。まあ、考えてるよ。考えてる。

里村　「ワイマール憲法」のように上手に……。

ヒトラー　「国家の乗っ取り方」を、今、考えてるところだから。

いや、別に、でもね、ご先祖というか自分のじい様が育てた政治家たちの考えが、戦後、日本を引っ張ってきて、日本人はそれを礼賛《らいさん》した。（小さく拍手をしながら）憲法体制と憲法九条体制を礼賛したけど、それが国家的危機を呼ぶんだったら、その反対をやらなきゃいけないわけで。その反対をやるのには、「ワイマール憲法下から逃《に》げ出したヒトラー体制」っていうのがモデルの一つ、というふうに見ているわけだ。

まあ、そらねえ、麻生は、中国を支配し、あと、アジアを支配したいとまでは思ってないとは思うけども（笑）、少なくとも、何て言うかねえ、うーん、防衛的にでもだなあ、「軍事的に、周りを跳《は》ね返すぐらいのところまでは行きたい」とは思うてるだろうなあ、少なくとも。

今、日本に残された選択肢《せんたくし》は「隷従《れいじゅう》への道」しかないのか

綾織　戦後体制を見直すに当たっては、「あまりよくないやり方」と、「いいやり方」というものがあるということなのですか。

ヒトラー　分からん。そんなのは分からんわあ。結果だからさ。

綾織　ほお。

ヒトラー　選択肢《せんたくし》の一つを選択したら、ほかのもう一つは選択ができないから。

だから、今、「平和勢力」と言ってる者たちがやっていることが、ほんとの平和なのか。君たちの大好きなハイエクなんかが言う「隷《れい》従《じゅう》への道」なのか。まあ、これの選択だなあ。

いやあ、「隷従」っていうのが、「国家への隷従」じゃなくて、今度は「中国への隷従」？　あるいは、「中国・北朝鮮連合軍への隷従への道」なのか。それか、もちろん反アメリカの人もいるから、「アメリカ隷従への道」なのか。

まあ、両方あるだろうけども、いずれにしてもねえ、国家の強い指導者に常に隷従するか、他国、外国に隷従するか、選択を

『ハイエク「新・隷属への道」』
（幸福の科学出版刊）

フリードリヒ・ハイエク（1899 ～ 1992）

オーストリア生まれの経済学者であるハイエクは、ナチスなどの全体主義を批判し、経済理論をめぐってケインズとも対立したが、その自由主義思想は戦後、サッチャー政権、レーガン政権などに大きな影響を与えた。主著『隷従への道』などにおいて、共産主義や社会主義はナチス同様の全体主義であると指摘。1974 年には、ノーベル経済学賞を受賞した。

迫《せま》られてきてるわけで、どっちみち隷従なんだよ。

里村　うーん。

ヒトラー　だから、右も左もありはしない。どっちみち隷従なんだよ。「日本共産党は破防法の対象団体だ」っていうのは、そらあ、中国に占領《せんりょう》されたら共産党政府になるに決まってるじゃん。日本共産党が支配するんでしょ？　彼らだって支配政党になりたいんだから。日本の首相になりたい。内閣は共産党が組閣するんだよ。それで中国の傀儡《かいらい》政権だろ？　だから、日本が植民地になっても、共産党は構わないんだよ。自分たちが日本を押《お》さえ、支配できるんだからさ、それが狙《ねら》いでしょ？

今、投票では、自分たちだけで勝てるわけないじ

『共産主義批判の常識──日本共産党 志位委員長守護霊に直撃インタビュー──』（幸福の科学出版刊）

やない。

里村　はい。

ヒトラー　絶対に勝てない。だから、中国に支配されて、そのなかで、傀儡政権で構わないから、前の満州国《まんしゅうこく》みたいなことを日本にしたい。これが日本共産党の考え方です。

里村　うーん。

ヒトラー　それに対して、「そうは相成《あいな》らん」っていうのは、安倍・麻生派の考え方だろうと思うよ。

いや、どちらだってねえ、「ヒトラー的」って言っても、もう、これは分からんわ。それはねえ、みんなそうだ。

「国が潰《つぶ》れたりしたら、指導者が地獄《じごく》に堕《お》ちるのはしかたない」

里村　今の安倍・麻生的な動きそのものは、「国の独立、自由を守る」という観点からしたら、「善」と言える部分があるわけですね。

ヒトラー　うん、だけど、地獄《じごく》に堕《お》ちる可能性もあるわけだ。

里村　はい？

ヒトラー　地獄に堕ちる可能性もあるわけ。やり方によってはね。

里村　そのやり方によってはですね？　ただ、それは、ある意味で、「責任者として自分が地獄に堕ちる」ということも……。

ヒトラー　だから、会社が倒産《とうさん》したら、自殺するか刑務所《けいむしょ》に入れられるかするのと同じように、要するに、国が取られたり潰《つぶ》れたりしたら、指導者たちが地獄に堕ちるのはしかたがないことですからねえ。

先の大戦では「人種差別」と戦っていた日本

里村　今、麻生さん、あるいは吉田茂元首相という、思わぬ伏兵《ふくへい》のお名前が出たので、ちょっと驚《おどろ》いたのですけれども、今の日本の流れそのものを……、まあ、当然、日本国内だけの事情ではありません。海外のアジア情勢も大きく変わっていますので、こうしたことも関係しますが、総統からご覧になると、今、日本には、吉田茂さんが下のほうからいろいろと指導しているだけではなく、天上界《てんじょうかい》から神様といわれる人たちの応援《おうえん》も入っていますでしょうか。

ヒトラー　うーん、まあ、もちろん、「日本の神様の復権」もあるのは事実だろうからなあ。悔《くや》しく思ってる日本の神様もいっぱいいらっしゃるだろうから。先ほども言ったように、レイシズム（人種差別）？

里村　はい。

ヒトラー　「人種差別的なものと戦う」っていう意味では、先の大東亜《だいとうあ》戦争的なものは、やっぱり、意味はあったんだろうからさあ。それがアメリカのなかで、黒人差別との戦いや、いろんなレイシズムとの戦いになっていったし、今、それはヨーロッパにも行ってるからねえ。

里村　ええ。

ヒトラー　だから、それは、実は、日本が言ってたことではあるわなあ。私もレイシズムをやったけども。ユダヤ人をやったけど、ほんとは、「レイシズムをやってる国同士で戦って、レイシズムから解放しようとしてる国（日本）が負けた」っていうふうな、変なあれではあるんだがなあ。

戦争では「結果責任」が問われる

里村　歴史の話にもどんどん入りたいところですが、時間が限られているなかですし、総統もお忙《いそが》しいでしょうから……。

ヒトラー　（笑）いや、君、皮肉だなあ。

里村　いえいえ。とんでもないです（会場笑）。

ヒトラー　ええ？　私は忙しくって……。

里村　いやいやいや。もう、それだけ世界のことをご覧になっていますから。

ヒトラー　めったにお呼びがこないなあ。

綾織　日本の神々が、同じように、「戦後体制の見直し」というものを考えていらっしゃると思うのです。そういう自由を縛り付けるようなかたちではなく、真っ当な戦後体制の見直しのあり方もあると考えていいわけですよね。

ヒトラー　いやあ、これは評価は難しいわけよ。

だから、「中国・韓国《かんこく》等に悪いことをしたから、中国・韓国が喜ぶようなことをすれば、いいことだ」っていう考えが、日本の左翼《さよく》を現に押し切ってんだろう？

だけど、それと、日本の伝統的な考え方や、多数がうれしく思う考え方は違うし、日清戦争《にっしんせんそう》、日露戦争《にちろせんそう》で勝っても、ちゃんと日本は、いわゆる提灯《ちょうちん》行列みたいなものをやって、国民は喜んどったわけだからね。

里村　はい。

ヒトラー　まあ、反戦の人はやっぱりいたよ。反戦主義者も、その当時はちゃんといたと思うけど、戦いに勝ったら、それは「非国民」っていうかたちになったんですよね。でも、負けたら、「彼らは正しかった」と、こうなるわけでしょ？

だから、戦争中に弾圧された共産党とかが、戦後またねえ、今、復活したりしてるんだろうから、結果責任なんだよなあ。

私だってねえ、今は悪魔《あくま》かもしらんし、地獄の存在かもしらんけど、もともとは、そう言ったってねえ、光の天使的な素質を持つ大指導霊《しどうれい》ではあったわけなんですよ。ちょっと力が強すぎただけなんですよねえ。

里村　ほおお……。

ヒトラーの「ユダヤ人虐殺《ぎゃくさつ》」の真の目的とは？

釈　今、地獄におられて、転落された変わり目といいますか、「いわゆる光の天使だった自分が悪に転じてしまった」というのは、どのポイントだったと見ておられますか。

ヒトラー　いやあ、ユダヤ人を六百万人ぐらい殺したことだろう。だから、これは宗教的な問題なんだよ、実を言うとな。本当は「宗教戦争」でなければならないところで、「宗教戦争」として、宗教的正当性を掲《かか》げて戦わなければばいけない問題で。

「ユダヤ人がキリストを殺したということが許せない」ということを堂々と掲げて、「キリスト教が世界宗教になるんだったら、ユダヤ教は滅《ほろ》びるべきである」ということを前面に掲げて、「ユダヤ教殲滅《せんめつ》」を錦《にしき》の御旗《みはた》に掲げれば、これはまた〝別の次元の戦い〟になったんだけどねえ。

まあ、そういう宗教戦争ではないものになったために、ここのところが恨《うら》みだけを残して、六百万人の恨みの念波《ねんぱ》が、わしを今、クモの巣みたいなものの虜《とりこ》にして（地獄から）出さないようにしてはいるわけだけどなあ。

里村　ただ、それはかたちを変えると、今は、「イスラム国」のことになるかもしれません。

要するに、今までいろいろな立場であったイスラム教のスンニ派が起こしていることは、非常に非道な「悪魔の行い」のように言われていますが、実はユダヤとの戦いにもそういう面があったということですか。

ヒトラー　まあ、そうだよ。

だから、韓国・北朝鮮？　朝鮮半島に、あんたら日本の統治をやらせたら、一緒《いっしょ》だよ（笑）、きっとな。

里村　同じことが行われる……。

ヒトラー　ハハッ（笑）。奴隷《どれい》にされるわ。間違いなく奴隷にされる、彼らが「上流階級」でな。もともと階級社会でしょ？　朝鮮半島がな。あの民族は、階級があるんで、日本とは違うよなあ。階級社会だからさあ。

『守護霊インタビュー
朴槿恵韓国大統領
なぜ、私は「反日」なのか』
（幸福の科学出版刊）

要するに、自分らが両班《ヤンバン》だか何か知らんが、そういう上流階級になってさあ、支配者階級で、日本人をみんな奴隷として使ってくれるわ。農業・工業の「奴隷」で、使ってくれるようになるさ。それを君らが正義だと思うなら、彼らの価値観に屈服《くっぷく》すりゃあいいよ。

●両班　高麗、李氏朝鮮王朝時代の官僚組織、または特権的な身分階級のこと。

6　プーチン大統領と習近平《しゅうきんぺい》国家主席をどう見るか

「アメリカの権威《けんい》が失墜《しっつい》したら、プーチンの時代が来る」

里村　それでは、これからの世界のことについて話を進めさせていただきたいと思います。

ヒトラー　難しい問題だな、どれもな、確かにな。

里村　今日は、善悪を別として、一人の「天才的」とも言われる指導者から、これからの見通し、見立てをお伺《うかが》いする機会を頂いています。

先ほど、綾織からもありましたけれども、プーチン氏についてお伺いいたします。

例えば、今、彼はウクライナのクリミアで住民投票を行わせるなど、ある意味で、行動そのものは、ズデーテン等を取っていったときの総統のやり方と、非常に似ているところもございます（注。ズデーテンはチェコ北東部の地域。当時ドイツ系住民が居住していたため、一九三八年にヒトラーによってドイツに割譲《かつじょう》された）。これについては、どうご覧になりますか。

ヒトラー　まあ、世界の指導者のなかでは、今いちばん優秀なんじゃないかな、彼がね。実際に実権を握《にぎ》ってるし、政権運営の経験はいちばん長いわなあ。

そういう意味で、確かに世界的指導者ではあるわな。

だから、彼から見りゃ、ロシアってちょっと小さすぎるかもしれないな、ある意味で。もうちょっと大きな力を持ちたいな。本当はEUを支配したいぐらいの気持ちはあるだろうなあ。ハハハハハ（笑）。

里村　プーチン氏の心のなかに、そういう領土的野心があるということですか。

ヒトラー　まあ、ないとは言えないね。彼はドイツ語ができるからさ。ドイツに傀儡《かいらい》政権ができて、それを押《お》さえることができれば、ロシアがＥＵを押さえられるわな。それは考えてると思うな。

里村　今、国際社会のなかでは、プーチン氏への批判が強いのですが、ロシア人からは支持を集めています。さらに、国際社会のなかでも、ある意味で、私どもは、日本とロシアの提携《ていけい》も大事だと思っています。これを考えたときに、今後、方向としてはどうなるのでしょうか。世界で血が多く流れるのか、流れないのか……。

『ロシア・プーチン新大統領と帝国の未来――守護霊インタヴュー――』
（幸福実現党刊）

『プーチン大統領の新・守護霊メッセージ』
（幸福の科学出版刊）

ヒトラー　トランプ氏が失敗した場合……、まあ、選ばれなかった場合、および、大統領になったが失敗した場合、アメリカの権威《けんい》はもはや失墜《しっつい》するから、「プーチンの時代」が来る可能性はある。

里村　はあ……。

ヒトラー　そのときには、プーチンがＥＵに権力を行使できる立場に入っていかないと、「中国が次は（ＥＵを）狙《ねら》ってきてる」からね。〝取り〟に狙ってきてるので。次は、「アメリカ 対 中国の戦い」だと思ってるところが、アメリカがあっという間に没落《ぼつらく》した場合は、「ロシア 対 中国」の二大大国が世界を取る戦いになる可能性はあります。

釈 そこまでプーチン氏は見えていますか。

ヒトラー うーん、年齢《ねんれい》的に見れば、まだ可能性があるね。まだ可能性がある。もし彼に、あと二十年の寿命《じゅみょう》があれば、可能性はあるな。

里村 なるほど。

「〝ヒトラー〟なんて、いくらでも出てくるんだよ」

里村 そうすると、ハリウッドなどのエンターテインメントのなかで米中戦争は出ていますが、米中戦争ではなくて、もうその先が、すでに現実化する芽が出ているということですか。

ヒトラー まあ、アメリカが強い指導者を望まなかった場合、あるいは、出てきてもそれを排除《はいじょ》する選択《せんたく》をした場合、他の国から出てくる可能性がある。

だから、〝ヒトラー〟なんてねえ、いくらでも出てくるんだよ。それはねえ、不当に差別されたり、不当に被害《ひがい》を受けたりして、国民感情を抑《おさ》えられないような国のなかに、優《すぐ》れた頭脳が出てきたら、あるいは、スーパーパワーを持った人が出てきたら、いくらでも出てくるんだよ。

里村　ほおー。

ヒトラー　だから、誰《だれ》でもなる可能性はあるんだよ。

里村　私たちは、「第二のヒトラー」というだけで、「それは！」と思うのですが、実は、もっと簡単に生まれうるわけですか。

ヒトラー　欧米《おうべい》から見たら、東條《とうじょう》（英機《ひでき》）だってヒトラーと同じ扱《あつか》いなんだろう？　でも、日本人の正確な歴史を見れば、単に優れた統治者であり、軍人でしょう？　そう思いますし、実際にトップじゃないわな。やっぱり、昭和帝《てい》を支えてた臣下にしかすぎないよね。

里村　ええ。

「習近平《しゅうきんぺい》の焦《あせ》り」が軍事的拡張を速める

里村　プーチン氏の話に戻《もど》しますけれども、もしアメリカが、「世界の警察官」として役立たなくなった場合、今の世界がこれ以上混乱しないために、護《まも》る立場に立てる人材としては、ある意味でプーチン氏ぐらいですか。

ヒトラー　護れるかどうかは分からない。ただ、「ロシア対中国」？　次の冷戦は……、〝冷戦〟か〝熱戦〟か分からないけど、ここになるだろうね。「習近平《しゅうきんぺい》およびその後継者《こうけいしゃ》対プーチンの戦い」になるわな。

場合によっては、習近平よりもプーチンのほうが、政権が長いかもしれないからね。彼は本当に皇帝になっちゃうかもしれないので。中国（国家主席）はまだ十年しか、できませんからね。次に習近平の路線をきっちりと継《つ》ぐ人が出れば〝院政〟を敷《し》ける可能性はあるけれども。

だから、習近平は焦《あせ》ってる。十年の任期の間で、自分の計画を仕上げたいからさ。

里村　確かに、そうです。

釈　今の軍事的な拡張のスピードが非常に速くなってるのは、そういう背景があるということですか。

ヒトラー　そう。習近平の任期中に、要するに、「ヨーロッパまでの道」を開いてしまいたい。中東も取り、ヨーロッパまで道を開き、そして、アジアを傘下《さんか》に収めたい。ここまでやりたいんだよ。

だから、すごく焦ってる。焦ってるなかに経済的なバブルの崩壊《ほうかい》とかも起きてきたり、敵視する声もいっぱい上がってきたり、日本とかも首をもたげてこようとしている。

まあ、そういう状況《じょうきょう》かな。

日本は「ロシア 対 中国」の視点を考えるべき

里村　今年（二〇一六年）も三月には全人代《ぜんじんだい》（全国人民代表大会）が開かれました。中国の国会に当たるような大会で、まあ、議論をするような国会ではないですけれ

『世界皇帝をめざす男』
（幸福実現党刊）

『中国と習近平に未来はあるか』
（幸福実現党刊）

ども、「習近平は党の『核心《かくしん》』である」と言われています。要するに、習近平は毛《もう》沢東《たくとう》と同じような位置に立ちたいのでしょう。

ヒトラー　まあ、やりたいのね。そらそうだ。

里村　個人崇拝《すうはい》がものすごく全面に出てきまして、最近はかなり強引《ごういん》なマスコミ統制も進めています。

ヒトラー　経済的に言えば、そらあ中国のほうが、今、ロシアより強いからさあ。世界を支配するのは自分らのほうがふさわしいと思ってると思う、たぶんな。

ただ、戦争をすれば、今はまだロシアのほうが強い。核兵器の数から見て、やっぱりロシアが強かろうし、指導者の力量的に見ても、まだロシアのほうが強いだろうね、アメリカという部分を無視すればね。アメリカがどう動くかによって、また

●党の核心　「核心」は、中国共産党の歴代最高指導者（毛沢東・鄧小平《とうしょうへい》・江沢民《こうたくみん》）の呼び方のこと。胡錦濤《こきんとう》前総書記の時代に、この呼び方を取りやめ、習近平体制もそれを踏襲。しかし、2016年1月以降、習近平主席を「核心」とする発言が出て、注目されている。

変わるけどね。

だから、ここを次はどうするかまで考えとかないと。君たちの考えは「ロシア対中国」までは入ってないから。

ロシア・中国は、今、アメリカやヨーロッパが敵対してくる場合、あるいは、日本が敵対してくる場合には、ロ中も接近する可能性がある。

まあ、それは、お互《たが》いそういう関係だよ。しょうがない。だけど、そうでなかったら「敵対する関係」なんだよね。

綾織　これは、非常に面白《おもしろ》い視点なのですけれども、今、ロシアの状況というのは、ヨーロッパにも、そういう「力の行使」ということを見せています。また、中東への影響力《えいきょうりょく》も、ものすごく強くなっていると思います。

ヒトラー　ああ、強くなってる。

綾織　さらに、アジア情勢も、ロシアによって全然変わってくるということで、ある意味で、「ヨーロッパ・中東・アジア」のこの三つの地域をすべて動かせる体制になっています。

ヒトラー　そうなんです。だから、アメリカに〝世界皇帝〟が出なかったら、「中国の世界皇帝候補 対 ロシアの世界皇帝候補の戦い」になるね。

里村　なるほど。

ヒトラー　いや、両方すごい……、何て言うの？　囲碁《いご》の世界みたいに、ゲームを百手ぐらいまで読みながらやってるよ。

郵便はがき

料金受取人払郵便

赤坂局承認

8228

差出有効期間
平成29年11月
30日まで
(切手不要)

1 0 7 - 8 7 9 0

112

東京都港区赤坂2丁目10−14
幸福の科学出版(株)
愛読者アンケート係 行

フリガナ お名前	男・女	歳
ご住所 〒　　都道府県		
お電話 (　　　　) −		
e-mail アドレス		
ご職業 ①会社員 ②会社役員 ③経営者 ④公務員 ⑤教員・研究者 ⑥自営業 ⑦主婦 ⑧学生 ⑨パート・アルバイト ⑩他 (　　　)		
今後、弊社の新刊案内などをお送りしてもよろしいですか? (はい・いいえ)		

愛読者プレゼント☆アンケート

『ヒトラー的視点から検証する 世界で最も危険な独裁者の見分け方』のご購読ありがとうございました。今後の参考とさせていただきますので、下記の質問にお答えください。抽選で幸福の科学出版の書籍・雑誌をプレゼント致します。(発表は発送をもってかえさせていただきます)

1 本書をどのようにお知りになりましたか?

①新聞広告を見て [新聞名:]
②ネット広告を見て [ウェブサイト名:]
③書店で見て ④ネット書店で見て ⑤幸福の科学出版のウェブサイト
⑥人に勧められて ⑦幸福の科学の小冊子 ⑧月刊「ザ・リバティ」
⑨月刊「アー・ユー・ハッピー?」 ⑩ラジオ番組「天使のモーニングコール」
⑪その他 ( )

2 本書をお読みになったご感想をお書きください。

3 今後読みたいテーマなどがありましたら、お書きください。

ご感想を匿名にて広告等に掲載させていただくことがございます。ご記入いただきました個人情報については、同意なく他の目的で使用することはございません。

ご協力ありがとうございました。

里村　先ほど、トランプ氏の話のときにも出たのですけれども、「先行きとして、どちらのほうが、血が多く流れるのか」という単純な観点でいったときに、ロシアのほうの世界皇帝候補のほうがより強くなっていった場合、世界はどうなると総統は思われますか。

ヒトラー　うーん、ロシアはいつも、ナポレオンとか、ヒトラーとか、いろいろな者に侵攻《しんこう》されて、「なかに引っ込《こ》んで撃退《げきたい》する」というスタイルなので、「防衛」のほうは強いけどね。「自分のほうが出ていって、ヨーロッパを全部取る」なんていうのは、歴史上はちょっと考えにくいことなので、これは〝初めて〟ということにはなるわねえ。

それで、「中国がヨーロッパを取るのと、ロシアがヨーロッパを取るのと、どっちが正当性があるか」ということで考えれば、歴史的に見れば、ロシアのほうが正当性はあるわな。文化圏《けん》的に見て正当性がある。そらあ、バルト三国から下に降りてな。

まあ、今はもう英国もあっぷあっぷ言ってるからね。中国に助けてほしい状況になってるわねえ。

だから、これは、今、ドイツにそういう強い指導者でも出てこないかぎり、「中国」と「ロシア」と二つの大国の指導者が取り合ってる〝獲物《えもの》〟として、「ヨーロッパ」も見えてるし、「中東」も見えてるし、「アジア」も見えてる。

あと、アメリカは残された力が弱ければ、昔の「モンロー宣言」なんてあったが、「どこにも口を出さずして、自国だけ独立する」みたいな感じの「孤《こ》立《りつ》主義」に入る可能性はあるわなあ。

ロシアとバルト三国

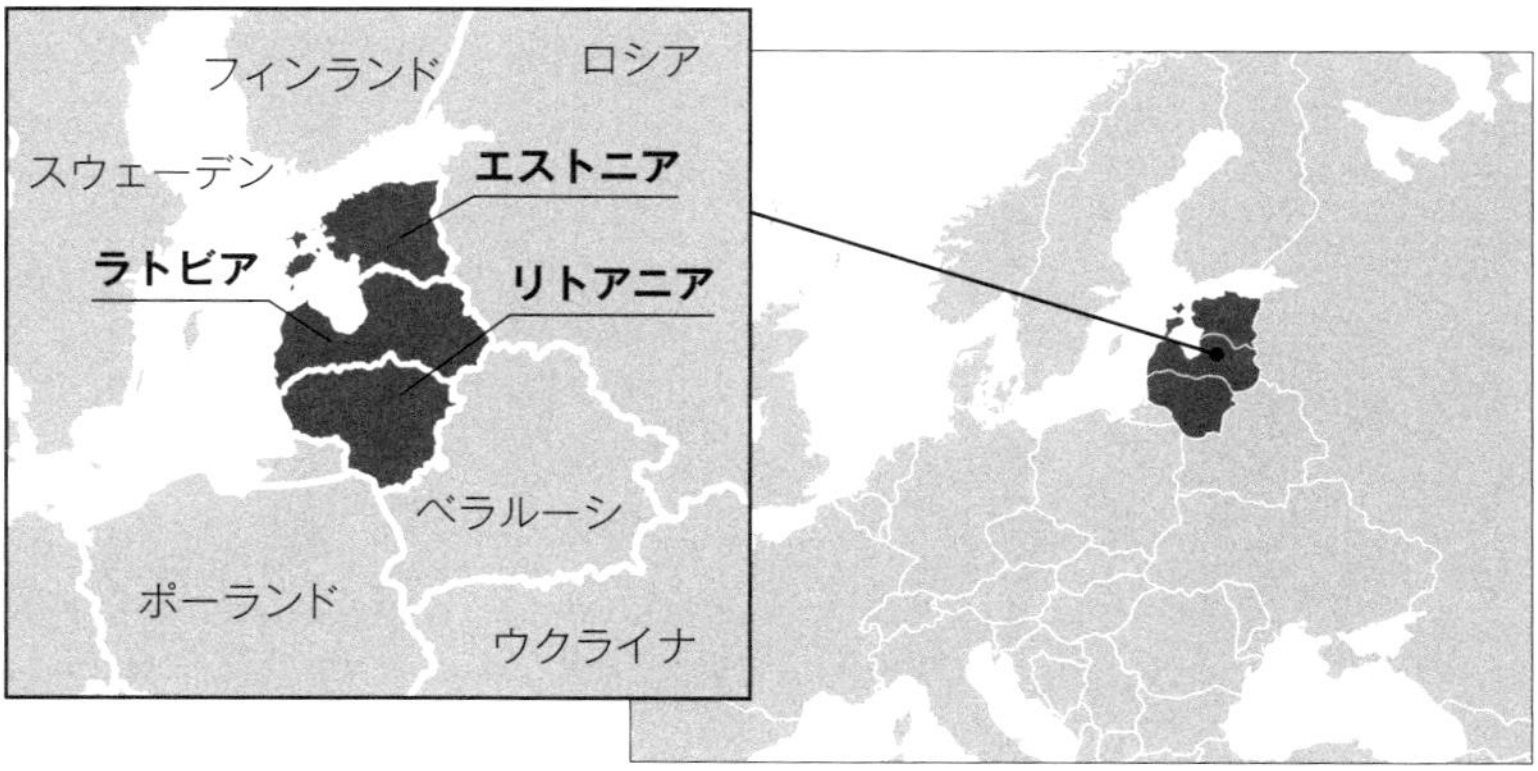

7　ヒトラーは今、誰《だれ》を〝指導〟しているのか

ヒトラーが「指導したい」と思っている人は誰《だれ》か

綾織　非常に客観的にご覧になっているのですけれども、どなたかを導きたいというお気持ちはあるのでしょうか。以前は、「中国の習近平《しゅうきんぺい》のような人に、ヒトラー総統がかかわっているのではないか」というような話もあったかと思うのですけれども。

里村　われわれも、今まで、いろいろな霊人《れいじん》の方とお話をしてきて、例えば、六年前の霊言《れいげん》では、ヒトラー総統は胡錦濤《こきんとう》を応援《おうえん》しているという話がありました（前掲《ぜんけい》『国家社会主義とは何か』参照）。今から見れば、胡錦濤氏はずいぶん〝小粒《こつぶ》〟な中

●モンロー宣言　1823年、アメリカ合衆国の第5代大統領ジェームズ・モンローが、基本的外交方針の一つとして、ヨーロッパ大陸と南北アメリカ大陸の相互不干渉を主張し、その立場を明確にしたことをいう。モンロー主義ともいう。

国のリーダーだったのですが、わりと応援しているということも伺《うかが》っていたわけです。また、ヒトラー総統が住んでいるほうの地獄《じごく》では、鄧小平《とうしょうへい》とわりと親しいというような話もあったのですけれども（『アダム・スミス霊言による「新・国富論」』〔幸福の科学出版刊〕第2章参照）、例えば、習近平氏に対して、総統は指導とかをされているのですか。

ヒトラー　（ニヤッと笑《え》みを浮《う》かべて）うーん。

里村　今までの非常に率直《そっちょく》な、真《ま》正直にお話しされているような感じとは別に、今、急に表情が変わりましたが……。

ヒトラー　どうしようかなあ。

里村　（苦笑）いや、虚心坦懐《きょしんたんかい》に、ありのままにお願いいたします。

ヒトラー　いやあ、習近平を指導するか、安倍《あべ》を指導するか、ちょっと迷ってんだなあ。どっちにしよ？　どっちを指導しようかなあ。

里村　ああ！　ええっ!?

ヒトラー　どっちを勝たせたい？

里村　えっ？　「今、もう指導している」のではなくてですか？

ヒトラー　ああ、もうしてるよ。してるけれども、本気でやるかどうかだな。

綾織　それは、〝両方〟に指導をしているということですか。

ヒトラー　ああ、そのようにしてます。

釈　今、現在ですか？

ヒトラー　はい。両方にしてますけど、「程度」があるわな。
だから、「家庭教師で、週何回やるか」って、そういうのがあるじゃないですか。

里村　うーん（苦笑）。

綾織　今は同じレベルなわけですね？

ヒトラー　いや、そらあ、習近平のほうが、ちょっと長く入っています。

里村　ああ、そうですか。やっぱり、南シナ海での、ああいう動きとかには……。

ヒトラー　うん。それは、もちろん入ってますけども。まあ、安倍も最近、「ちょっと面白《おもしろ》いかな」と思い始めてはいる。

釈　じゃあ、その家庭教師レベルなんですけれども、いちばん今、〝がっつり〟ご指導しているのは、どこになりますか。金正恩《キムジョンウン》なんかは、どうなんですか。

ヒトラー　ああ、あれはねえ……。いや、いや、私も何か神になったような気がするねえ。〝世界をデザインする男〟に私もなりつつある。

あれを、どういうふうに最終着地させるか、今、考えてるんで。これ、なんか自分も神様のような気がするなあ。あれの最後をどういうふうにするか、今、考えてるのよ。私のデザインで彼は動くから。

綾織　今年、核《かく》実験とか、ミサイル発射とかがありましたけど、それも……。

ヒトラー　いやあ、それは大したことないけど。彼は、まあ、週に一回ぐらいしか指導してないから。

綾織　ああ、週一回（苦笑）。

ヒトラー　そんなに大してやってない。

『守護霊インタビュー　金正恩の本心直撃！』（幸福実現党刊）

『北朝鮮・金正恩はなぜ「水爆実験」をしたのか――緊急守護霊インタビュー――』（幸福の科学出版刊）

綾織　なるほど。

北朝鮮《きたちょうせん》をめぐる中国の思惑《おもわく》を指摘《してき》する

里村　今、世界中の政治家もマスコミも、みんな分からないのが、要するに、金正恩《キムジョンウン》は瀬戸際《せとぎわ》外交で、アメリカの援助が欲《ほ》しいから、ポーズであいうふうに強がっているのか、それとも本気で……。

ヒトラー　いや、そんなことない。

里村　え？　どちら？

ヒトラー　アメリカの援助が欲しくてやってるなんてことはない。それは間違《まちが》いですね。

里村　やっぱり、本気で「韓国《かんこく》あるいは日本までも取ってしまおう」という意識を持ってるんでしょうか。

ヒトラー　あれ、地下では、つながってるから。「アンチアメリカの勢力」と全部つながってる。だから、本当は、そんな孤立《こりつ》してない。本当の意味では孤立してないんで。

里村　まあ、イランとかですね。

ヒトラー　うん。イランともつながっているし、これから、アメリカと敵対するところとは全部つながると思う。

中国とだって、実は切れてない。だから、いつでもパイプは太くて。簡単ですよ。

それは、中国のトップが判断すればね。

里村　はい。

ヒトラー　今、中国は、欧米《おうべい》寄りに見せたいから。そうしないと、もし、自分たちのアジア戦略、軍事戦略への攻撃《こうげき》とかが始まると、まだ、やばいのでね。そういうのを、ちょっと遅《おく》らせたいからさ。

それで、〝あちら〟のほうに目を引きつけてるのよ。

里村　なるほど。

ヒトラー　だから、北朝鮮《きたちょうせん》は、中国の「陽動作戦」なんだ。ああやってやってるけど、「ああいう危険な国がありますよ」って言って、世界を引きつけておいて、「中国と戦うよりは、これは容易な相手ですよ」「やれるなら、戦うなら戦います」と。いざというときは、犠牲《ぎせい》にする気があるから。いざというときは、北朝鮮を捨てて、欧米のほうに仲間入りして、逃《に》げる手もあるし、使えるんなら、この〝駒《こま》〟を使って、アメリカ等を手玉に取りたい気持ちがあるので。

中国は老獪《ろうかい》ですよ。両方やります。

ヒトラーが今、世界に対して抱《いだ》いている構想とは

綾織　先ほどの「着地」というのは、北朝鮮や中国、イランなんかも含《ふく》めた全体の着地を考えてらっしゃるんですか。

ヒトラー　だから、誰《だれ》が指導者で出てくるかによって、いろいろ変わってくるからね。「組み合わせ」によって変わってくる。

アメリカを指導するほうが面白くなったら、私もアメリカを指導しなきゃいけな

いかもしれないから。

釈　その面白さというか、構想として、どういう着地を理想とされているんでしょうか。

ヒトラー　うーん。世界がな、二百カ国近くあっても、まとまらんでなあ。やっぱり、どこかリーダーは要《い》るでしょう。だから、リーダーを決める人が「神」じゃないですか。

釈　ああ、なるほど。やはり、「覇権《はけん》」というのに惹《ひ》かれるわけですね。

ヒトラー　うん。リーダーが神じゃないですか。

里村　まあ、リーダーはいてもいいとは思うんです。ただ、それが、いろいろな人たちがいて、国があってのなかで、比較《ひかく》的指導力が強い国があるということではなくて、人種とか民族とか、そういうものも全部取っ払《ぱら》ってしまったところでの一国主義ですよね。

ヒトラー　いや、君たちだって可能性はあるわけよ。

里村　いやいや、ありませんよ。とんでもないです。

ヒトラー　君たちだって可能性があるが、あんまり選挙が弱すぎるからさあ、今のところ、私も食指《しょくし》が動かないわけで。

里村　いえ、いえ、いえ、いえ。

ヒトラー　君たちだと、あと百年かかるかもしれないからさあ。もっと快進撃してくれりゃあさあ、君たちだって指導してもいいんだが。

里村　いや、私どもは、個々の仏性《ぶっしょう》を信頼《しんらい》して、全体主義を敵だと思ってるんです。

釈　動機が全然違うわけなんです。

ヒトラー　え？　動機が違う？　一緒《いっしょ》じゃん。一緒じゃん。

釈　やはり、愛で一つになって、手を握《にぎ》り合う時代をつくりたいというユートピアの考えです。

ヒトラー　いやあ、「愛」ぐらい、私だって言えますよ。

釈　言えるんですか？

ヒトラー　愛人を愛してましたから（会場笑）。

里村　いやいや、それは、まあ、いらっしゃいましたけど。

ヒトラー　（釈に）君が私に憧《あこが》れたらね、私の愛人になれますよ。

釈　いや、いや、いや、いや、いや、いや。

ヒトラー　「いや、いや」言わないで、「好き、好き、好き、好き」と言わないと。

「新しい世界をプロデュースする面白《おもしろ》さ」を語るヒトラー

里村　すみません。話を戻《もど》しますが、総統が先ほど、「こうなったら面白《おもしろ》いなあ」と言ったのは、要するに、「二百カ国も国は要らなくて、もっと少なくていい。そうだったら面白い」と？

ヒトラー　リーダーは、やっぱりあれだけど、少なくともねえ、戦後の国連体制、五カ国で引っ張った体制は、はっきり言って亀裂《きれつ》が入《い》ってるわけですよ。だから、今の（国連常任理事国の）アメリカに中国、ロシアのこの三カ国は、はっきり言やあ「仮想敵」なんですよ、現実にはね。

それで、残りのイギリスとフランスは、ほとんど役立たずの状況《じょうきょう》ですよ。実際に力を持ってるのは、ドイツであり日本なんです。アメリカに次いで持ってるのは、こちらのほうで。こちらのほうは、もう去勢された状態になってるわけですよね。

「じゃあ、こういう世界のなかで、新しい世界はどういうふうにプロデュースされるべきなのか」っていうのは、面白いじゃないですか。

釈　まさに、今、新世界秩序《ちつじょ》、新しい時代の秩序をめぐる考え方が動いているということですか。

ヒトラー　だから、君たちが「複数」的な考え方を認めるなら、私の考えだって、その「一つ」ですからね。そらあ、神様の考えとだって重なるところはあると思いますよ。「全部反対」っていうことはないですよ、それはね。重なるところはある。

里村　いや、私どもは、平和な世界が望ましいと考えていますし、そのなかでプルラリティ（複数性）っていうのはあっていいと思うんですよ。

ヒトラー　だから、日本人がね、もう、「原発反対」「原爆《げんばく》反対」「ジュゴンを愛せ」「国民を愛するな」「日章旗《にっしょうき》反対」で、まあ、共産党に支配されたかったら、それはどうぞやったらええよ。それがほんとに平和への道だと思うんなら、どうぞやったらいいと思うよ。そのときは私、また（霊的に）〝入れる〟から。

習近平《しゅうきんぺい》の構想が成功する可能性は「五分五分《ごぶごぶ》」

里村　総統が考えられる世界秩序のなかでは、例えば習近平《しゅうきんぺい》は、はっきり言って駒足りえておりますか。

ヒトラー　うん、でもちょっと焦《あせ》ってるなあ。だから、本人の自覚として、「五分《ごぶ》五分《ごぶ》」。今、五分五分ぐらいの感じでいる、本人はね。

里村　おお。

ヒトラー　うーん、自分の構想が、要するに何て言うの、「『一帯一路《いったいいちろ》構想』をやって、海のシルクロード、陸のシルクロードで、ヨーロッパまで続けて支配して、アフリカまで支配権を伸《の》ばして、南米にまで資源を求めて、ヨーロッパまで押《お》さえて」っていうけど、これが成功する可能性としては、「五分五分」と、本人はね。

里村　五分五分。

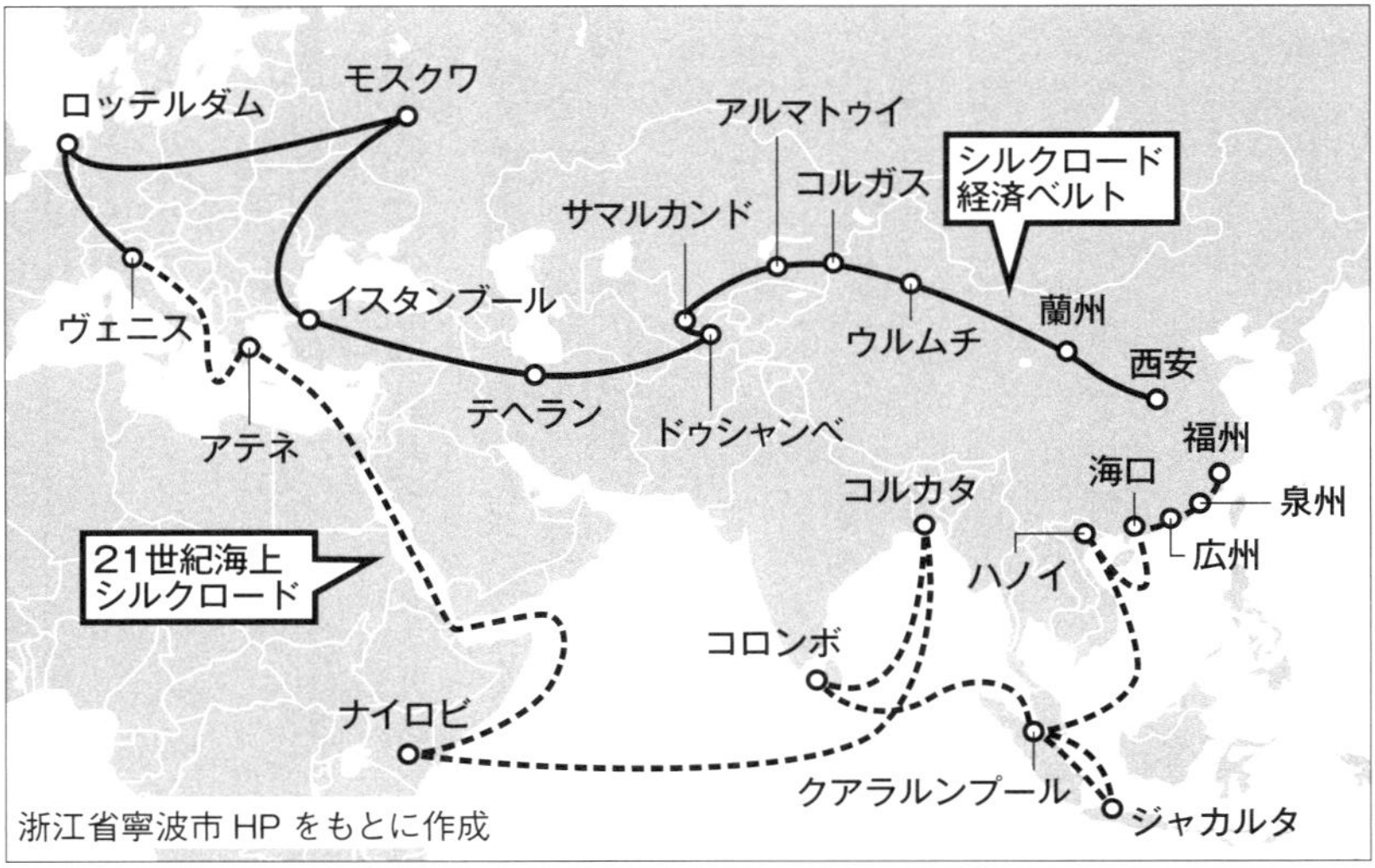

「一帯一路構想」とは、2013 年に習近平国家主席が提唱した、「陸のシルクロード（一帯）」と「21 世紀海上シルクロード（一路）」の 2 つの経済・外交圏構想。2015 年に中国主導で発足したアジアインフラ投資銀行（AIIB）などを通して、関係国に道路や鉄道、港湾、通信網などのインフラ整備を行い、新たな経済圏の確立を目指す。

ヒトラー　そのくらいに感じてると思う。

里村　うーん。

ヒトラー　経済的には、やっぱり失敗が出始めてきているし、軍事的にライバルが台頭《たいとう》してきそうな感じが出てきているので、本人は、五分五分だと思ってる。外交は、そんなに得意じゃないんだよ。外交は、そんなに得意じゃない。強面《こわもて》男なのでね。

里村　うん、うん、うん。

ヒトラー　まあ、本人は、五分五分だと思ってるから、ちょっと焦ってはいるし、失策が出りゃあ国内から暗殺される可能性も出てくるのでね。そんなに簡単ではないだろうねえ。

今、日本に示されている二つの選択肢《せんたくし》とは

綾織　プロデュースされるヒトラー総統の立場としては、どういう世界を目指しているんですか。

ヒトラー　いや、いろんな組み合わせの可能性はあります。ポーカーの手みたいなもんで、いろんな手はあるので。

綾織　中国と北朝鮮と、もしかしたら日本も入るというようなことなんですか。

ヒトラー　だから、日本は今、「〝去勢〟されたままでいいのか。ちゃんとした〝男〟

になりたいのか」という選択肢《せんたくし》が来ているわけで。「去勢」のほうを選びたい人のほうが強いんだったら、どこかに隷属《れいぞく》して生きていくしかないから、そらあ、隷属したらいいよ。まあ、それも一つでしょう。それが平和に見えるんなら、したらいいと思うけども。

ただ、隷属のあとは、奴隷《どれい》的な生活がきっと来るだろうね。

しかし、逆のほうで、隷属しないで「男に戻る」ということであれば、それは危険は伴《ともな》うよ。軍事的な、やっぱり危険は伴うからね。「益荒男《ますらお》になる」っていうのは、そういうことでしょう？　軍事的に、「正義のためには戦う」っていうことが、男の条件だからね。

それが怖《こわ》いっていうんなら勝てない。自衛官でも、「（防衛大学校の卒業生で）任官拒否《きょひ》するのが倍になった」とか言ってるでしょう？　それが、日本の戦後教育の結果だわな。

里村　うーん。

ヒトラー　だから、これをどうするのか、この国を見てるし、まあ、必要なところには、私は指導を入れるつもりだけどね。

8 「次の独裁者」は政治的指導者とは限らない

ネットの世界で始まっている「覇権《はけん》戦争」

釈　その指導のところで、マスコミはどう見えてますか。

ヒトラー　マスコミは、「利用するもん」だわな、基本的にな。だから、「どこが利用できるか」っていうことになるわな。

マスコミはねえ、ガーガー言うけども、結局、「白か黒か」になるわけよ。どっちかを選ぶから、白か黒かになる。どちらを勝たそうとするかの選択《せんたく》をしなきゃいけないので。

里村　うん。

ヒトラー　ただ、マスコミが言うほうにやったら成功するのか、失敗するのか。彼らは責任取らないよ、基本的にはね。

里村　私どもが関心があるのは、マスコミも加えてなんですけれども、国境を超《こ》えて活動する企業《きぎょう》、あるいは、容易に国境を超え、人種を超えていくツールを扱《あつか》っている企業です。例えば、今ですと、インターネットなどの電子環境《かんきょう》がそうです。

われわれは、「新しい独裁者が政治家から生まれる」という視点しか考えないんですけれども、これからの時代はそうではないかもしれません。要するに、ネット系の新興企業のなかから、そういうものを持つ人が出てくる可能性もあると思うんです。

ヒトラー　いやあ、その覇権《はけん》戦争は、もう始まってるよ。

里村　始まっているんですか。

ヒトラー　うーん。中国には、サイバー警察みたいなのが、三十万人から、もっといるとも、五十万、六十万いるかもしれないと言われてますけれども。

それで、ネットの回りも全部調べて、すぐにチェックが入るようになってるけど、これと、そうした世界的なインターネット系の会社とのせめぎ合いは、もう始まってはいますから。「中国に隷属《れいぞく》するなら、中国市場で商売させてやるが、言うことをきかないなら市場から追い出すぞ」って。もうこれは始まってるのでね。実際は、そちらの、「もう一つの覇権戦争」も始まっている。

そういうわけで、アメリカも、もちろんそれに対抗《たいこう》しようと、今、乗り出してるし、イギリスなんかも、ヨーロッパも、それなりになってはいる。日本はちょっと遅《おく》れてるけどねえ。

だから、「ネットによる支配」という、もう一つのあれも働いてて、要するに、それを使わないと生きていけないように人間がなった場合は、そうしたネットを動かせる人が支配者になる可能性はある。

里村　そうですね。

ヒトラー　それを使わないかぎり、何も商売ができないようになったら、これを押《お》さえてる者が「次の独裁者」になるから、投票で選ばれた者ではなくなる可能性はある。

だから、知らないうちに「別の独裁者」が生まれる可能性はあるな。

ネットによる裏権力者を指導するのは「理系の悪魔《あくま》」？

綾織　そういうところも〝導こう〟とされていますか。

ヒトラー　いや、わしは古い時代の人間なので、ちょっと分かりかねるんだけど、そちらを導くやつは、また別におるんじゃないかなあ。

綾織　ああ、別にいるのですか。

ヒトラー　やっぱり、それは、「理科系統の悪魔《あくま》」が存在するんではないかなあ。

里村　なるほど。

ヒトラー　それは、いると思うなあ。

里村　最近、ある霊人《れいじん》の方から、要するに、「スマホ世代など、そうしたものに頼《たよ》る人は、知らない間に〝奴隷《どれい》〟になっているんだ」というご指摘《してき》があったのですけれども（二〇一六年二月十八日、幸福の科学総合本部において、佐藤一斎《さとういっさい》の霊言《れいげん》を収録した。『心を練る　佐藤一斎の霊言』〔幸福の科学出版刊〕参照）。

総統も……。

ヒトラー　そらあねえ、企業のほうは、儲《もう》けようとしたら、そうしたネットをできるだけ広げて、ユーザーを増やせば増やすほど利益は増えて、支配力が増えるわなあ。

里村　そういうことです。

ヒトラー　それで、もしそのなかに、一定の意見を発信し始めたら、裏から動かせるわなあ。もう、こういう〝裏権力者〟が発生する素地《そじ》が築かれてる。

中国では、すでに「情報操作」が行われている

里村　また、それがすごいのです。総統は「詳《くわ》しくない」とおっしゃいましたけれども、例えば、いろいろなアルゴリズム（プログラム上の問題解決手順・計算）を使って、特定の情報が一切《いっさい》上がらないようにしたり、奥《おく》に伏《ふ》せてしまったりすることができるのです。

ヒトラー　中国がそうなってるよねえ。

里村　そうです。

ヒトラー　もう完全にそうなってる。

里村　ええ。「天安門《てんあんもん》」や「ダライ・ラマ」などのキーワードは打てないのです。

ヒトラー　ＮＨＫの国際放送もかからないんでしょう？

里村　そうです。

ヒトラー　真っ暗なんでしょう？

里村　はい。

ヒトラー　だから、そのうち、CNNだの、あんなのもかからなくなるさ。都合《つごう》のいいように、情報操作するようになるからさ。この戦いも、もう一つ……。

利益追求のみを考える情報産業系に入る「悪魔《あくま》」とは

里村　そうすると、情報産業系は、また少し別の、理数系の方の影響《えいきょう》があるということですね。

ヒトラー　うーん。ここはねえ、まだ、ある意味で、政治学的なものが及《およ》んでない世界なので怖《こわ》いよ。利益追求しか考えてないから。

里村　はい、はい、はい。

ヒトラー　利益追求だけだったら、これは本当に、「神」か「悪魔《あくま》」か分からないよ。

里村　分からないですね。必ずしも悪いことのように見えない。

ヒトラー　どちらも入る。

綾織　「理科系の悪魔」というと、誰《だれ》か特定できるような人はいるのでしょうか。

ヒトラー　そらあ、やっぱり、いろいろな戦争で武器なんかを開発してたような人で、（死後に）悪魔になってるような人が、現代的なもののほうへ入っているでしょうね。

ヒトラーが明かす、悪魔《あくま》の勢力拡大を止める方法

釈　実際に、「マイクロソフトが人工知能の開発をしているなかで、『ヒトラーは正しい』という発言が出てしまうような結果になって、実験を中止した」というニュースが、今日、流れたりしています。

ヒトラー　なんで中止するの？　それでいいじゃない。何が間違《まちが》ってる？　正しいよ。知能が高くなったら、普通《ふつう》は私みたいな考え方になるから。

釈　（苦笑）そうしますと、「ヒトラー的な考え方」と対抗するものというのは、どういうものになるのでしょうか。「良心」「神に繋《つな》がる心」などは、人間の命綱《いのちづな》だと思いますけれども……。

ヒトラー　わしに、それを言わすか？

釈　あなたから見て、「この世界は、もう手が届かない。こうなると、自分は手が届かない」というところは、どのあたりですか。

ヒトラー　いや、ある意味で「共通項《こう》」はあるんだよねえ。その、今言ってる「唯《ゆい》物論《ぶつろん》の悪魔《あくま》」？　わしは必ずしも唯物論の悪魔ではないけども、唯物論の悪魔は、今、地上に力を伸《の》ばそうとはしている。

そして、もう一つ、宗教性を帯《お》びてでも、この勢力を広げようとしてる政治の力もあるし、これから、宗教絡《がら》みで戦いを起こせる余地がたくさんあるから、ここにも悪魔は入れるだろうな。

うーん、だから、もう、これを止めようとしたら、「全知全能の神」そのものが正体を現す以外、方法はないだろうなあ。

里村　ほお……。

ヒトラー　今は、そこまでは正体を現してないと思うし、神の使者・代理人で解決しようとしてきただろうけど、「全知全能の神」そのものが出てくる以外にはないでしょうなあ。

9　戦後の「正義」はどこまで見直されるのか

「神の戦い」と「悪魔の戦い」の見分け方とは

釈　あなたは、今でも、そういう存在と対抗《たいこう》しようと思っているのですか？

ヒトラー　いや、対抗してませんよ。私も、ある意味で、その〝一部〟なんじゃないかと思ってますからね。

綾織　一部……。

里村　自己認識がですね？

ヒトラー　うん。

里村　一部といっても、いろいろな意味合いがあると思うのです。それは……。

ヒトラー　だから、それを言ったら……、将棋《しょうぎ》の手はたくさんあるけどさあ、百手もあるかもしらんけれども、どの手が「悪魔《あくま》の手」で、どの手が「神の手」かっていったって、それは分からないでしょう。いろいろなやり方があるからさあ。

里村　ただ、私どもは、今そこに、「正義」という物差しで、「どの手が神の手で、どの手が悪魔の手か」ということが分かるような時代をつくろうとは思っているところでございます。

ヒトラー　戦争だってさあ、「神の戦い」も「悪魔の戦い」もあるんだろう？　「人を殺す」っていうので一緒《いっしょ》なんだろう？　ジャンヌ・ダルクだって、フランスを護《まも》るために戦ったけど、ちゃんと人は殺してるでしょう。イギリス人を殺してるんでしょう？

例えば、今、イギリス人から見たら、イギリス人を殺す人は〝悪魔〟ですわねえ？

里村　うーん。

ヒトラー　だけど、ジャンヌ・ダルクは、防衛のためだったらイギリス人を殺してるでしょう？　反対する勢力は殺してるはずだよな？

でも、自分も殺されたわねえ。それで、「（ジャンヌ・ダルクが）神か悪魔か」を判定するのに、教会だって何百年もかかってるわけだから、それは難しいですよ。

里村　ここは、今日、総統が何度もおっしゃったように、勝者の歴史であったり、あるいは、その時点では同じ行為《こうい》に見えても、結局、文明史のなかで……。

ヒトラー　だから、私だって、四百年たったら〝聖者《せいじゃ》〟になってる可能性だってあるわけさ。「ＥＵの先駆者《せんくしゃ》」っていうことになってる可能性もあるよ。それは分からないですからねえ。

里村　まあ、若干《じゃっかん》、難しいかなと思いますけれども（苦笑）。

ヒトラー　（笑）ヘッ（里村をにらみ、胸を張って威嚇《いかく》するようなポーズを取る）（会場笑）。

里村　「若干」というか、「かなり難しい」とは思います（笑）。

ヒトラーに「協力」を求めているわけではない

里村　まあ、確かに、それは、長い文明史のなかで判断がついていくことだとは思います。ただ、今日は、そうした歴史観のほうまでは……。

ヒトラー　君たちにまで〝協力〟してるんだからさあ、もう〝神の片腕《かたうで》〟になろうとしてる。〝左腕〟かもしらん。

里村　いや、今日は、協力というよりも、総統のほうから見た「独裁者の見分け方」を伝えたいと……。

ヒトラー　ああ……。

釈　インタビューしているだけで、協力はしていただかなくて結構なのですけれども。

ヒトラー　混乱させたかなあ。もう分からなくなって、みんな光の天使に見えてきたか。

里村　いえいえ。習近平《しゅうきんぺい》、金正恩《キムジョンウン》、安倍《あべ》首相を指導に入っている？

綾織　結論的なところに行きますと、習近平《しゅうきんぺい》、金正恩《キムジョンウン》、そして、安倍《あべ》首相にも少し、指導に入りつつあると……。

ヒトラー　まあ、全部入ってる。

綾織　うん？

里村　えっ？

ヒトラー　全部入ってるということだ。要するに、ほとんど、全部入っとる。

綾織　えっ、全部？

里村　要するに、政治的リーダーには……。

ヒトラー　家庭教師の回数の違《ちが》いにしかすぎないという……。

里村　なるほど。

綾織　はい。

ヒトラー　全部入ってます。

「国のリーダーには、悪魔《あくま》も神も両方、指導できる」

ヒトラー　もちろん、「イスラム国」系まで、全部、私がやるのはさすがにちょっと無理だけど……。向こうは向こうで悪魔《あくま》を持ってるから。イスラム系の悪魔もいっぱい持ってるから。

まあ、過去、キリスト教といろいろ戦ってるからね。あちらはあちらの悪魔がいるから。〝墓場《はかば》〟からみんなで出てきているよ。

里村　要するに、今日、名前が挙《あ》がっているリーダーたちには、みんなどこかで関係はあるということですね。頻度《ひんど》や浅い・深いはあるでしょうけれども……。

ヒトラー　いやあ、可能性が強くなってきたら、指導回数を増やさないかんわな。

里村　ということですね？

ヒトラー　うん、うん。

綾織　プーチン大統領やトランプ氏など、全部、何らかの指導をしているのですか？

ヒトラー　いやあ、私も指導してるけど、私とは違う「別の者」も指導してるから、それは〝指導合戦〟だよな。

里村　なるほど。

ヒトラー　だから、公器として、人を大量に殺したり、国を潰《つぶ》したり、繁栄《はんえい》させたりできるような立場に立つ者には、「悪魔」も「神」も両方、指導できるようになってるんだよ。

戦後の歴史観が変わるとき、世界は混沌《こんとん》とする!?

里村　そうすると、まあ、これを総統にお伺《うかが》いするのはおかしいのですけれども、私たちができることとしては、やはり、それに対して、光の力のほうの勢力を強くしていくことが必要だということですね？

ヒトラー　だけど、君たちの、従軍慰安婦《じゅうぐんいあんふ》だ、南京大虐殺《ナンキンだいぎゃくさつ》だ、東京大空襲《だいくうしゅう》だ、「これを悪だ」と言ってやっていくと、結局、流れ的に、〝わしも復活〟するわなあ（笑）。

里村　ここは難しいところだと思います。今年（二〇一六年）、日本の三重《みえ》県で、「伊勢志摩《いせしま》サミット」といわれる先進国の首脳会議が行われますけれども、今、アメリカ国務省の一部の高官から、「オバマ大統領が広島に行く」と……。

ヒトラー　彼はやるだろうな。アメリカを崩壊《ほうかい》させるのが使命だから。

『公開霊言 東條英機、「大東亜戦争の真実」を語る』
（幸福実現党刊）

『南京大虐殺と従軍慰安婦は本当か──南京攻略の司令官・松井石根大将の霊言──』
（幸福の科学出版刊）

里村　そうすると、「ユダヤ人虐殺と、アメリカが行《おこな》った大空襲や原爆《げんばく》投下は、結局、質においては同じだった」、要するに、「内容においては同じことだった」というように、今、歴史観が少し変わる可能性があるわけですね。

ヒトラー　まあ、「毛沢東主義《もうたくとう》」を、まだ習近平が踏襲《とうしゅう》しようとしてるからさ。明らかにならないだろうけど、もし、毛沢東のやったことが現実に「数値化」されて現れて、それから、それ以降の歴史も……。例えば、「文化大革命」でやったこと、「天安門《てんあんもん》事件」で起きたこと、これらはみんな、蓋《ふた》をして分からないようにされてるけど、これが明確に明らかになったら、肯定《こうてい》できるかどうかだよなあ。

まあ、私どころじゃない数の人は殺されてますからねえ。これを肯定して、同盟国、あるいは、友好

『マルクス・毛沢東のスピリチュアル・メッセージ』（幸福の科学出版刊）

国として付き合えるかどうかを考えてみて、これを知ったときに、「日本はどこまで（中国を）責められるか」っていう問題はあるだろうねえ。

だから、あんたがたが知ってる光の天使なるものは、差別なんかと戦ってきた歴史だし、インドを解放したり、南アフリカを解放したり、アメリカの黒人差別を解放したりした人が光の天使の系統であるというのならば、やっぱり、ヨーロッパの植民地から黄色《おうしょく》人種を解放した日本のなかにも、それ（光の天使）がいたのは当然ではあろうね。

ただ、そのあとは、民族の優劣《ゆうれつ》がつかない世界が来るから、「この混沌《こんとん》から、どう秩序《ちつじょ》をつくるか」っていう問題は来るわなあ。

『パラオ諸島ペリリュー島守備隊長　中川州男大佐の霊言――隠された“日米最強決戦”の真実――』（幸福の科学出版刊）

『硫黄島 栗林忠道中将の霊言　日本人への伝言』（幸福の科学出版刊）

「キリスト教とイスラム教の対立」を乗り越《こ》えられなかったら？

里村　では、私から、最後の質問をいたします。

今、「混沌とする」というお話がありましたが、それについて言うと、今、先の戦争に対する歴史観を含《ふく》めて、日本のみならず、世界のいろいろなものが変わろうとしているように思います。

やはり、総統も、「そうした、二十世紀の歴史やいろいろなものを捉《とら》える、ものの見方・考え方が大きく変わろうとしている時期にある」というように思われていますか。

ヒトラー　うーん……。だけど、今、欧米《おうべい》のキリスト教圏《けん》からは、イスラム教も、はっきり言えば、「悪魔の教えだ」と見てるよ。

それで、イスラム教から見たら、「十字軍」っていうのも、これは「悪魔との戦い」なんだよ。

里村　ええ。

ヒトラー　だから、彼らはテロをやったって、悪いことをやってるとは思ってないと思うよ。

ただ、「経済的利益」で結びついてるところだけは我慢《がまん》しなきゃいけないから、日和見《ひよりみ》してるけどね。本当は、結論ははっきりしてるんだと思う。

だから、これを乗り越《こ》える力がなければ、やっぱり、世界は戦乱の巷《ちまた》にあるだろうなあ。

里村　乗り越える力が……。

ヒトラー　なけりゃね。

里村　なければですね。

ヒトラー　うん。

10　ヒトラーと人類史の秘密

「私は、中・日・ロ・米を指導できる立場にある」

綾織　少し分かりにくかったところなのですけれども、総統がいろいろな駒《こま》を使いながら目指されている世界というのは、「特定の指導者が力で世界を支配する、自由のない世界」というか、「ある程度、独裁者的な人間の自由になるような世界」をつくるということなのですか。

里村　全体主義的な世界ですね？

ヒトラー　そうじゃないかもよ。私なんかは、ある意味では、二千年の歴史のなかから見れば、イエスのように受難《じゅなん》で十字《じゅうじ》架《か》に架かった人間かもしれないからね。

綾織　それは、さすがにないと思いますけれども。

里村　まあ、自己弁護の言葉として受け止めておきます（苦笑）。

ヒトラー　少なくとも、ドイツ人が私を首相に選んだっていうことは、私が〝救世主〟に見えたっていうことですからね。

里村　民主主義というのは、その結果責任も、また有権者が負うものだということですね。

ヒトラー　うーん。だから、あとは、政治的な指導者だけでなく、マスコミの指導者、および、ネット系の指導者等も、次の独裁者としての可能性はあるということだな。

まあ、安倍《あべ》、麻生《あそう》系に、私が何もやってないかといえば、何もやってないわけではありません。

しかしながら、その反対するところの「日本共産党」だ何だ、「左翼《さよく》のグループ」が政権を取って、日本を牛耳《ぎゅうじ》るなら、これもまた、指導できる立場にあるということだし……。

里村　「総統が」ですね?

ヒトラー　ええ、ええ。中国も指導できれば、日本も指導できるし、ロシアも指導できる。アメリカも、隙《すき》があれば指導できる立場にはあるということだ。マスコミは、もう為政者《いせいしゃ》の心のコントロールまでできないでしょう？　そこまで、できないからさ。旧態依然《いぜん》たる攻撃《こうげき》しかしない。「金」と「女」と、あとは「欲」だけでしょう？　これしか攻撃できないからさ。それ以上のものは、もう分からないからな。

里村　はい。

ヒトラーの過去世《かこぜ》は誰《だれ》だったのか？

里村　今日のお話からは、総統の描かれる「理想の世界」がどういうものなのかは、いまひとつ曖昧《あいまい》だったと思います。

ただ、一つ可能性として分かったのは、やはり、総統は、さまざまなリーダーの心に、いろいろと影響《えいきょう》を及《およ》ぼすことができるのだということです。

さまざまな民族や国、宗教の違《ちが》いというところでの紛争《ふんそう》があるかぎり、戦乱の雲は広がっていきます。今日、総統は、「それを乗り越《こ》える力が必要だ」とおっしゃいました。

ヒトラー　君ら、なんかねえ、私を「完全な悪だ」と思ってるかもしれないけど、そうじゃないんだよ。これは、もう人類史のなかで必要な知恵《ちえ》だし、技術なんだよな。

だから、ヒトラーっていうのは、マキャベリでもあるんだよ。マキャベリでもあり、ネロでもある。ヒトラーは、ネロでもあるが、もっと前で言うとだなあ、いろいろなところの文明の支配者でもあったわけなんだよな（注。以前の霊査《れいさ》で、ヒトラーの過去世《かこぜ》はローマの皇帝ネロとされている）。必ずしも「全部が悪」っていう

●ネロ（37～68）　ローマ帝国第5代皇帝。「暴君ネロ」として知られる。初めは哲人セネカからの後見で善政を行ったが、次第に放恣残虐《ほうしざんぎゃく》となり、母・妻を殺害。「ローマ大火」をキリスト教徒の仕業《しわざ》として迫害した。

わけではないわけよ。

里村　すみません。最初、私は、比喩《ひゆ》のように取っていたのですけれども、今、過去世のことをおっしゃっているわけですか？

ヒトラー　うん。だから、中国だってね、韓非《かんぴ》とか、いるでしょう？

里村　はい。

ヒトラー　あんたら、それを光の天使だと思ってるのかもしらんけど、戦争の技術論、思想を教えた人っていうのは戦争の大家《たいか》ですよね？

里村　ええ。

ヒトラー　習近平《しゅうきんぺい》がいちばん尊敬してるのは、この韓非なんですよ。

里村　まあ、今は、習近平氏は、法家《ほうか》思想に戻《もど》っていますね。

ヒトラー　ええ。韓非や商鞅《しょうおう》とか、そういうのを尊敬してるんだけどな。そういう戦争思想を教えた人は、ちゃんと中国にもいるわけですよ。

里村　（過去世は）韓非でいらっしゃったのですか？

ヒトラー　うん。まあ、君らにはつながらないだろうけれども、全部、つながっては……。だから、日本の戦国時代や、その前からの軍事思想のなかにだって、中国の思想はきちんと入ってるわけですからねえ。

里村　はい、それは入っています。

綾織　では、「（過去世は）韓非からネロ、マキャベリ、ヒトラーとつながっている」というように考えてよいですか。

ヒトラー　だから、「韓非 対 孫子《そんし》」あたりはねえ、戦い方の違いなんだよ。いわば、何だろう。うーん……、「ルシファー（ルシフェル）対 ミカエル」の戦いみたいなものが、「韓非 対 孫子」の戦いで、共に戦いを教えるんだけどね。戦いの仕方を教えるんだけど、やや立ち位置を変えてるというか、まあ、そういうとこはあるっていうかなあ。

「私は人類史の知恵《ちえ》として存在してるんだ」

里村　今、総統がおっしゃりたかったのは、要するに、自分はもともと、必ずしも「絶対悪」として存在しているわけではなくて……。

ヒトラー　「人類史の知恵《ちえ》として存在してるんだ」と言ってるのよ、私はね。

里村　いろいろなかたちでですね？

ヒトラー　「私を取り除いて、人類史は成り立たない部分があるんだ」と言ってるんだ。まあ、古い時代には、もっともっと（過去世の）名前が出てくるんだけどさあ、それはきりがないから言わないけど。

だから、「悪魔《あくま》」といわれてる者もね、ほとんど、文明と文明が衝突《しょうとつ》して、滅《ほろ》ぼされたほうの文明の神が悪魔にされてるのよ。封《ふう》じ込《こ》められてるのよ。

釈　なるほど。いわゆる東條英機《とうじょうひでき》的な……（注。東條英機元首相の霊《れい》は、日本の敗戦の責任を負って地獄界《じごくかい》にいる。『公開霊言《れいげん》　東條英機、「大東亜《だいとうあ》戦争の真実」を語る』〔幸福実現党刊〕参照）。

ヒトラー　うん、そうなんです。それが「悪魔」になるんです。

里村　（苦笑）まあ、そういう方もおられるでしょうけれども、やはり、神の……。

ヒトラー　笑うな、笑うな。

里村　いや、笑いません、笑いません。

ヒトラー　笑うな。真剣《しんけん》に受け止めよ。

里村　そういう方もおられると思います。文明と文明の衝突のなかで、負けたほうが悪魔にされる場合もあると思いますけれども、やはり、そうでもない悪魔もいるとは思います。

ヒトラー　だからねえ、ネロは悪魔みたいにいわれるけれども、もしネロがちゃんと仕事ができたら、キリスト教徒を殲滅《せんめつ》できた可能性はあるわけで。キリスト教徒を殲滅していたらどうなったかっていうと、マニ教の時代が本当に来ていたわけで、マニ教の「善悪二元論」の思想が広がってたかもしれない。だけど、キリスト教が生き延びたために、昔のゾロアスター教も一部、協力して、マニ教は「マニ●自身が殺される」ということになっていったわけで。もう文明史っ

●マニ（215 ～ 275）　3世紀に、ペルシャに生まれたマニ教の開祖。マニ教は、一時期、世界宗教ともなるが、ローマの国教となったキリスト教がマニ教を迫害し、マニ教は地上から姿を消した。また、マニ自身は、ゾロアスター教徒の迫害により命を落としている。『救世の法』（幸福の科学出版刊）参照。

ていうのはねえ、いろいろと、右も左も〝打ち返し〟は来るんですよ。難しいんです。

里村　ただ、歴史に「イフ」はないので、今、あくまでも、一つのたとえとしてお伺《うかが》いしたということで終わりたいと思います。

「ルーズベルトが最大の悪魔《あくま》の可能性だってある」

里村　いずれにしても、私たちとしては、「そうしたさまざまな戦乱をまとめ、乗り越える力になりたい」ということを、今日は改めて認識させていただきました。

ヒトラー　だからねえ、微妙《びみょう》なんだよ。もし〝ヒトラー〟がヨーロッパを押《お》さえ、アメリカがね……。もうアメリカが、本当に嫌《いや》な存在だったなあ、あの時代ね。アメリカは「モンロー宣言」みたいな感じでさあ、「独立して、もう他国に全然介入《かいにゅう》しない」と、自分らは言ってたのに、結局、ドイツとも日本とも戦ったでしょう?

これは、アメリカにフェイントをかけられたわけよ。いやあ、「独立、中立を守る」みたいな感じでやってるから、安心してヨーロッパを取りに行って、それから、日本もアジアを取りに行ったら、あとから参戦してきて、こうだ。

実は、野心をいちばん持ってたのはルーズベルトで、光の天使だと思うかもしれんけど、あれが最大の悪魔《あくま》の可能性だってあるわけだから。

里村 (笑)

釈 なるほど。

ヒトラー 最大の悪魔の仮面は、そう簡単には剝《は》がせないんだよ。

だから、私以上の悪魔の可能性はあると思ったほうがいいよ。「アメリカの時代」をつくるために、罠《わな》をかけとったという……。もっと大きな罠をかけてたのはあいつで、アメリカが出なかったら、やっぱり、ヨーロッパはドイツが支配してたと思うね（注。元《げん》朝の初代皇帝フビライ・ハーンは以前の霊言のなかで、自らがフランクリン・ルーズベルト大統領として転生《てんしょう》していたことを示唆《しさ》している。『フビライ・ハーンの霊言』〔幸福の科学出版刊〕参照）。

里村　その可能性は、本当に、大いにあると思います。

ヒトラー　だから、「共産主義」はねえ、ドイツと日本が勝ってたら、滅ぼされてた可能性は高いよ。ロシアにも中国にも根づかずに、滅びた可能性はある

『原爆投下は人類への罪か？――公開霊言 トルーマン＆F・ルーズベルトの新証言――』（幸福実現党刊）

『フビライ・ハーンの霊言』（幸福の科学出版刊）

ので。

ドイツと日本を滅ぼして、「共産主義」という悪魔を解き放った責任はアメリカにあるから、アメリカは、その後、戦い続けねばならんようになったかもしれないからね。

里村　私は、その歴史の部分に関しては、これからまだまだ、中国が共産主義の国としてあるかぎり、アメリカはカルマの刈《か》り取りが必要だと思います。また、私どもとしても、そこは、これからかかわっていきたいと思っているところです。

「本当の悪魔《あくま》は神と変わらない」とうそぶくヒトラー

ヒトラー　私なんか、釈党首も早く応援《おうえん》したいなあ。

里村　いや、結構でございます。

ヒトラー　（釈に）私が応援したら、あなた、九十何パーセントの得票率が……。

綾織　いえ。

里村　いえいえ。今日も、インタビューで、もうたくさんの〝応援〟を頂いていますので。

ヒトラー　サダム・フセインも九十何パーセントだったけど。

釈　私は、「神の正義」の実現のために頑張《がんば》ってまいります。

ヒトラー　ええ？

里村　はい。それでは、今日は、総統もお忙《いそが》しいときに……。

ヒトラー　君たちの頭では、結局、何を言われたのか、分からなくなったんじゃないかな。

里村　いや、非常に多くのヒントを頂きました。

ヒトラー　分かった？

里村　はい。もう多くのヒントを頂きました。

ヒトラー　分かったかねえ。

里村　ええ。

ヒトラー　私は、分からないような高等な言い方をしたんだがなあ。

里村　いえいえ。もう、たくさんの、今までにない視点からのいろいろな考え方や、見方を頂きました。

ヒトラー　いやあ、君たちだって、本当に、器《うつわ》さえあれば、私は指導できるのに、器が小さくて指導できないのは残念だよ。

綾織　「器」ではなくて、「目指すもの」の問題なので、大丈夫《だいじょうぶ》です。

ヒトラー　もう、針でちょっとつっつくぐらいしかできないから、かわいそうだ。

里村　いえ。「ノーサンキュー」でございます。

ヒトラー　もっと大きな器になりなさい。

里村　（苦笑）

ヒトラー　ええ？　世界帝国《ていこく》を目指しなさいよ。

里村　ご遠慮《えんりょ》申し上げます。

ヒトラー　そしたら、票が集まるかもしれない。

里村　今日は、長時間にわたって、いろいろとご教示いただきまして……。

ヒトラー　ああ、本当の悪魔《あくま》はねえ、本当の悪魔は神と変わらないんだよ。もう、神とさしで話ができるのが本当の悪魔なんだよ。

里村　もうお帰りの時間でございますので。

ヒトラー　ああ。そう。

里村　はい、お帰りいただいて……。今日は、どうもありがとうございました。

11 ヒトラーの霊言《れいげん》を終えて

意外に「グローバル」で「スケール感」のあったヒトラーの霊《れい》

大川隆法　（手を二回叩《たた》く）うーん。まあ、何とも難しいですね。やはり、「単純な悪の存在」というようなものではないぐらいのスケール感があります。ある意味で、世界史をつくっていくときには、相手方がいろいろ要《い》るのかもしれません。

里村　特に国際政治が絡むと、「どちらが神でどちらが悪魔《あくま》か」というのは、簡単なものではないように思います。

大川隆法　やはり、どちらとも絡んできますからね。アメリカは、白黒を非常に単純化しますけれども、いや、これは難しいでしょう。どこも「悪魔」になる可能性があるということです。

里村　はい。しかし、これは重要なことだと思います。

大川隆法　うーん。これは、まだまだ研究の余地がありますね。

里村　はい。

大川隆法　しかし、意外にグローバルでした（笑）。（死後）七十年間、〝成長〟しているわけですか。

里村　（笑）

大川隆法　ただ、「麻生《あそう》」という名前が出てきたところで、「おおっ！」という感じはありましたね。

里村　はい。まったく伏兵《ふくへい》でありました。

リアルポリティクスを見つつ、柔軟《じゅうなん》に活動していく

大川隆法　まあ、当会としても、これは舵取《かじと》りが難しいところです。どうしましょうか。

里村　戦後体制の引っ繰《く》り返しが、必ずしも全部、善なる力、光のほうの力だけではなく、そうではない力も加わっているのだということを十分に知った上で、これ

から発言していくことが大事だと思いました。

大川隆法　結局、あちらとしては、「どちらにでも入れる」と言ってましたからね。これは、権力を持ったところに入れるということでしょう？

里村　はい。

大川隆法　確かに、ニューウェーブの「メディアの権力」のところは、まだ予想されていないところなので、怖《こわ》い面はありますね。メディア王なるものが次のヒトラーになる可能性もないとは言えません。やはり、知能の高い人が多いでしょうから、明確に世界の未来をデザインされてしまうと、やられる可能性はあります。

うーん、厳しいですね。通用するでしょうか。旧態依然《いぜん》たる宗教の形態で戦えるかどうかは分かりませんが、数多くの人（霊《れい》）たちの意見や指導がありますので、考える材料を頂きながら、現実のリアルポリティクス（現実政治）を見つつ、攻《せ》めていくしかないと思います。

ただ、当会も、水のように柔軟《じゅうなん》なところがありますので、現実を見ながらやっていきましょう。例えば、「安倍《あべ》首相の応援《おうえん》型」のやり方をしていたけれども、今は、やや警戒《けいかい》するところは警戒しながらやっているわけです。そういった面があること自体、しっかりとバランスが取れるということでもあるのでしょう。

里村　はい。

大川隆法　いやあ、厳しい時代が来ましたね。

里村　ええ。弟子《でし》としても頑張《がんば》って、いろいろな事業形態をつくりつつ、水のように変化しながら対応していきたいと思います。

大川隆法　ただ、当会も、世界にネットワークとして支部を持っています。世界各国に支部を持っているということは、一国だけの利益を考えられなくなるわけなので、そういう意味でのバランスは働くでしょう。

あるいは、当会が発言したことで、海外で支部の活動がやりにくくなったり、迫《はく》害《がい》を受けたりすることもあるため、よくよく考えて発言しなくてはいけなくなってきているのです。

里村　はい。

大川隆法　（釈に）今日は、少し弱気になっちゃったかな。

釈　いえ、やはり、「神の正義の道具」としての日本を……。

大川隆法　〝ヒトラーの愛人〟として狙《ねら》われているという……。

釈　（苦笑）〝仏陀《ぶっだ》の花嫁《はなよめ》〟と言っていますので、それだけはもう……。

大川隆法　（笑）まあ、完全に乗っ取られることはないと、私は思います。たぶん、ないでしょう。

ただ、こういう人（ヒトラー）の意見も聞いてやるところが、当会の「器《うつわ》の大きさ」です。人間は善にも悪にも傾《かたむ》くので、「悪なるもの」も研究の対象としては見るべきところがあるということですね。

里村　はい。

大川隆法　確かに、現実の国際政治で見たら、必ずしも悪かどうか分からない部分はあるかもしれません。リアリズムから見れば、そうだと思います。

まあ、よく考えて、今後、発信していきましょう。

里村　はい。ありがとうございました。

あとがき

本書は面白企画《おもしろきかく》のようにも見えるが、実は、国際政治学的にはかなり正確な分析の上に成り立っている本である。私自身の持っている国際政治学的な知識をヒトラー霊が援用《えんよう》しているともいえるが、本書中でも一部語られているように、『君主論』を書いたマキャベリ霊などもナビゲートしている可能性が高いだろう。

私は戦後日本の自虐史観《じぎゃくしかん》に見直しをかけ、日本の神々の復活についても言及している。いま、ＥＵの事実上の中心であるドイツにも、冷静で客観的な歴史認識が必要な時が来ている。

本書は第二のヒトラーはどこからでも出てくる可能性を示している。多数決だけで結論は決まらない。鋭く霊的な洞察《どうさつ》と、リアリスティックな国際情勢分析の双方《そうほう》が必要だろう。「蛇《じゃ》の道はへび」（同類の者がすることはよく分かる）ということわざを想起《そうき》させる本でもある。

二〇一六年　三月三十一日

幸福《こうふく》の科学《かがく》グループ創始者兼総裁《そうししゃけんそうさい》　大川隆法《おおかわりゅうほう》

『ヒトラー的視点から検証する 世界で最も危険な独裁者の見分け方』

大川隆法著作関連書籍

『政治革命家・大川隆法』（幸福の科学出版刊）
『政治哲学の原点』（同右）
『法哲学入門』（同右）
『国家社会主義とは何か』（同右）
『守護霊インタビュー ドナルド・トランプ アメリカ復活への戦略』（同右）
『オバマ大統領の新・守護霊メッセージ』（同右）
『イスラム国〝カリフ〟バグダディ氏に直撃スピリチュアル・インタビュー』（同右）
『安倍総理守護霊の弁明』（同右）
『副総理・財務大臣 麻生太郎の守護霊インタビュー』（同右）
『マッカーサー 戦後65年目の証言』（同右）

『ハイエク「新・隷属への道」』（同右）
『共産主義批判の常識
——日本共産党 志位委員長守護霊に直撃インタビュー——』（同右）
『守護霊インタビュー 朴槿惠韓国大統領 なぜ、私は「反日」なのか』（同右）
『プーチン大統領の新・守護霊メッセージ』（同右）
『アダム・スミス霊言による「新・国富論」』（同右）
『北朝鮮・金正恩はなぜ「水爆実験」をしたのか』（同右）
『心を練る　佐藤一斎の霊言』（同右）
『南京大虐殺と従軍慰安婦は本当か
——南京攻略の司令官・松井石根大将の霊言——』（同右）
『マルクス・毛沢東のスピリチュアル・メッセージ』（同右）
『パラオ諸島ペリリュー島守備隊長　中川州男大佐の霊言』（同右）
『硫黄島 栗林忠道中将の霊言　日本人への伝言』（同右）

『フビライ・ハーンの霊言』（幸福の科学出版刊）
『バーチャル本音対決――TV朝日・古舘伊知郎守護霊
vs.幸福実現党党首・矢内筆勝――』（幸福実現党刊）
『バラク・オバマのスピリチュアル・メッセージ』（同右）
『ヒラリー・クリントンの政治外交リーディング』（同右）
『ロシア・プーチン新大統領と帝国の未来』（同右）
『世界皇帝をめざす男――習近平の本心に迫る――』（同右）
『中国と習近平に未来はあるか』（同右）
『守護霊インタビュー 金正恩の本心直撃！』（同右）
『公開霊言 東條英機、「大東亜戦争の真実」を語る』（同右）
『原爆投下は人類への罪か？
――公開霊言 トルーマン＆F・ルーズベルトの新証言――』（同右）

ヒトラー的《てき》視点《してん》から検証《けんしょう》する
世界《せかい》で最《もっと》も危険《きけん》な独裁者《どくさいしゃ》の見分《みわ》け方《かた》

2016年 4 月13日　初版第 1 刷

著　者　　大《おお》 川《かわ》 隆《りゅう》 法《ほう》

発行所　　幸福の科学出版株式会社

〒107-0052 東京都港区赤坂 2 丁目 10 番 14 号
TEL(03)5573-7700
http://www.irhpress.co.jp/

印刷・製本　株式会社 堀内印刷所

落丁・乱丁本はおとりかえいたします

ISBN978-4-86395-780-0 C0030
カバー写真：AFP ＝時事／ EPA ＝時事
本文写真：dpa/ 時事通信／ EPA ＝時事／代表撮影／ロイター／アフロ

大川隆法霊言シリーズ・世界の政治指導者の本心

プーチン大統領の新・守護霊メッセージ

独裁者か? 新時代のリーダーか? ウクライナ問題の真相、アメリカの矛盾と限界、日ロ関係の未来など、プーチン大統領の驚くべき本心が語られる。

1,400円

アサド大統領のスピリチュアル・メッセージ

英語霊言 日本語訳付き

混迷するシリア問題の真相を探るため、アサド大統領の守護霊霊言に挑む──。恐るべき独裁者の実像が明らかに!

1,400円

中国と習近平に未来はあるか

反日デモの謎を解く

「反日デモ」も、「反原発・沖縄基地問題」も中国が仕組んだ日本占領への布石だった。緊迫する日中関係の未来を習近平氏守護霊に問う。【幸福実現党刊】

1,400円

北朝鮮・金正恩はなぜ「水爆実験」をしたのか

緊急守護霊インタビュー

2016年の年頭を狙った理由とは? イランとの軍事連携はあるのか? そして今後の思惑とは? 北の最高指導者の本心に迫る守護霊インタビュー。

1,400円

※表示価格は本体価格(税別)です。

大川隆法霊言シリーズ・世界の政治指導者の本心

オバマ大統領の新・守護霊メッセージ

英語霊言
日本語訳付き

日中韓問題、ＴＰＰ交渉、ウクライナ問題、安倍首相への要望……。来日直前のオバマ大統領の本音に迫った、緊急守護霊インタビュー！

1,400円

守護霊インタビュー ドナルド・トランプ アメリカ復活への戦略

英語霊言
日本語訳付き

次期アメリカ大統領を狙う不動産王の知られざる素顔とは？ 過激な発言を繰り返しても支持率トップを走る「ドナルド旋風」の秘密に迫る！

1,400円

ヒラリー・クリントンの政治外交リーディング

同盟国から見た日本外交の問題点

竹島、尖閣と続発する日本の領土問題……。国防意識なき同盟国をアメリカはどう見ているのか？ クリントン国務長官の本心に迫る！【幸福実現党刊】

1,400円

緊急・守護霊インタビュー 台湾新総統 蔡英文の未来戦略

台湾新総統・蔡英文氏の守護霊が、アジアの平和と安定のために必要な「未来構想」を語る。アメリカが取るべき進路、日本が打つべき一手とは?

1,400円

幸福の科学出版

大川隆法霊言シリーズ・全体主義と自由をめぐって

国家社会主義とは何か

公開霊言　ヒトラー・菅直人守護霊・胡錦濤守護霊・仙谷由人守護霊

神仏への信仰心がない社会主義国家には、国民の「真なる自由」もない――。死後も暗躍を続けるヒトラーや、中国の恐るべき野望が明らかに！

1,500円

マルクス・毛沢東のスピリチュアル・メッセージ

衝撃の真実

共産主義の創唱者マルクスと中国の指導者・毛沢東。思想界の巨人としても世界に影響を与えた、彼らの死後の真価を問う。

1,500円

超訳霊言
ハイデガー「今」を語る
第二のヒトラーは出現するか

全体主義の危険性とは何か？ 激変する世界情勢のなかで日本が進むべき未来とは？ 難解なハイデガー哲学の真髄を、本人が分かりやすく解説！

1,400円

※表示価格は本体価格（税別）です。

大川隆法シリーズ・新刊

心を練る 佐藤一斎の霊言

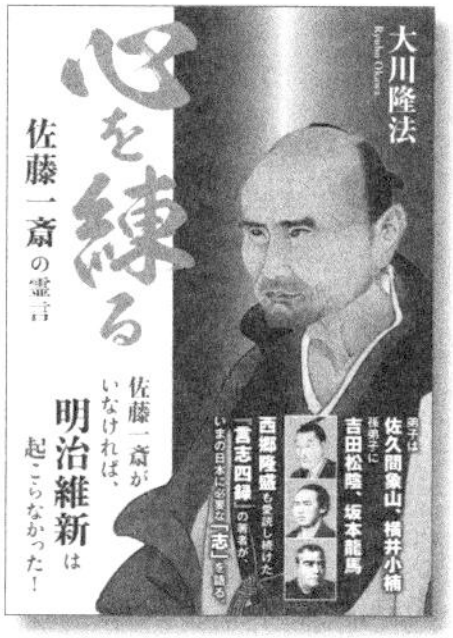

幕末の大儒者にして、明治維新の志士たちに影響を与えた佐藤一斎が、現代の浅薄な情報消費社会を一喝し、今の日本に必要な「志」を語る。

1,400 円

手塚治虫の霊言

復活した〝マンガの神様〟、夢と未来を語る

「鉄腕アトム」「ブラック・ジャック」など、数々の名作を生み出したマンガの神様が語る「創作の秘訣」。自由でユーモラスな、その発想法が明らかに。

1,400円

大川隆法の〝大東亜戦争〟論［上・中・下］

大川真輝 著

大川隆法著作シリーズから大東亜戦争を再検証し、「自虐史観」にピリオドを打つ書。
【HSU 出版会刊】

［上］

［中］

［下］

各 1,300 円

天使は、見捨てない。
天使にアイム・ファイン
I'm fine!
製作総指揮／大川隆法
雲母(きらら)　芦川よしみ　金子昇　清水一希　合香美希
原作／『アイム・ファイン』大川隆法(幸福の科学出版)
監督・脚本／園田映人　音楽／大門一也　製作：ニュースター・プロダクション　制作プロダクション：ジャンゴフィルム　配給：日活　配給協力：東京テアトル
©2016ニュースター・プロダクション
5つの傷ついた心に、奇跡を起こす
G
3.19(SAT)ROADSHOW
www.newstar-pro.com/tenshi/
NIKKATSU

幸福の科学グループのご案内

宗教、教育、政治、出版などの活動を通じて、地球的ユートピアの実現を目指しています。

幸福の科学

一九八六年に立宗。信仰の対象は、地球系霊団の最高大霊、主エル・カンターレ。世界百カ国以上の国々に信者を持ち、全人類救済という尊い使命のもと、信者は、「愛」と「悟り」と「ユートピア建設」の教えの実践、伝道に励んでいます。

（二〇一六年四月現在）

愛

幸福の科学の「愛」とは、与える愛です。これは、仏教の慈悲《じひ》や布施《ふせ》の精神と同じことです。信者は、仏法真理をお伝えすることを通して、多くの方に幸福な人生を送っていただくための活動に励んでいます。

悟り

「悟り」とは、自らが仏の子であることを知るということです。教学《きょうがく》や精神統一によって心を磨き、智慧《ちえ》を得て悩みを解決すると共に、天使・菩薩《ぼさつ》の境地を目指し、より多くの人を救える力を身につけていきます。

ユートピア建設

私たち人間は、地上に理想世界を建設するという尊い使命を持って生まれてきています。社会の悪を押しとどめ、善を推し進めるために、信者はさまざまな活動に積極的に参加しています。

海外支援・災害支援

国内外の世界で貧困や災害、心の病で苦しんでいる人々に対しては、現地メンバーや支援団体と連携して、物心両面にわたり、あらゆる手段で手を差し伸べています。

自殺を減らそうキャンペーン

年間約３万人の自殺者を減らすため、全国各地で街頭キャンペーンを展開しています。

公式サイト　www.withyou-hs.net

ヘレンの会

ヘレン・ケラーを理想として活動する、ハンディキャップを持つ方とボランティアの会です。視聴覚障害者、肢体不自由な方々に仏法真理を学んでいただくための、さまざまなサポートをしています。

公式サイト　www.helen-hs.net

INFORMATION

お近くの精舎・支部・拠点など、お問い合わせは、こちらまで！

幸福の科学サービスセンター

TEL. 03-5793-1727（受付時間 火～金：10～20時／土・日・祝日：10～18時）

幸福の科学 公式サイト　**happy-science.jp**

幸福の科学グループの教育・人材養成事業

ハッピー・サイエンス・ユニバーシティ

Happy Science University

ハッピー・サイエンス・ユニバーシティとは

ハッピー・サイエンス・ユニバーシティ（ＨＳＵ）は、大川隆法総裁が設立された「現代の松下村塾」であり、「日本発の本格私学」です。

建学の精神として「幸福の探究と新文明の創造」を掲げ、チャレンジ精神にあふれ、新時代を切り拓く人材の輩出を目指します。

学部のご案内

人間幸福学部

人間学を学び、新時代を切り拓くリーダーとなる

経営成功学部

企業や国家の繁栄を実現する、起業家精神あふれる人材となる

未来産業学部

新文明の源流を創造するチャレンジャーとなる

未来創造学部

2016年4月開設

時代を変え、未来を創る主役となる

政治家やジャーナリスト、ライター、俳優・タレントなどのスター、映画監督・脚本家などのクリエーター人材を育てます。※

※キャンパスは東京がメインとなり、２年制の短期特進課程も新設します（４年制の１年次は千葉です）。2017年3月までは、赤坂「ユートピア活動推進館」、2017年4月より東京都江東区（東西線東陽町駅近く）の新校舎「HSU未来創造・東京キャンパス」がキャンパスとなります。

住所 〒299-4325 千葉県長生郡長生村一松丙 4427-1
TEL.0475-32-7770

政治

幸福実現党

内《ない》憂《ゆう》外《がい》患《かん》の国難に立ち向かうべく、二〇〇九年五月に幸福実現党を立党しました。創立者である大川隆法党総裁の精神的指導のもと、宗教だけでは解決できない問題に取り組み、幸福を具体化するための力になっています。

幸福実現党 釈量子サイト
shaku-ryoko.net

Tiwitter
釈量子@shakuryoko
で検索

党の機関紙
「幸福実現NEWS」

幸福実現党 党員募集中

あなたも幸福を実現する政治に参画しませんか。

○幸福実現党の理念と綱領、政策に賛同する18歳以上の方なら、どなたでも党員になることができます。

○党員の期間は、党費（年額 一般党員5千円、学生党員2千円）を入金された日から1年間となります。

党員になると

党員限定の機関紙が送付されます。
（学生党員の方にはメールにてお送りします）
申込書は、下記、幸福実現党公式サイトでダウンロードできます。

住所:〒107-0052
東京都港区赤坂2-10-8 6階
幸福実現党本部

TEL **03-6441-0754**
FAX **03-6441-0764**
公式サイト **hr-party.jp**
若者向け政治サイト **truthyouth.jp**

出版
メディア
事業

幸福の科学出版

大川隆法総裁の仏法真理の書を中心に、ビジネス、自己啓発、小説など、さまざまなジャンルの書籍・雑誌を出版しています。他にも、映画事業、文学・学術発展のための振興事業、テレビ・ラジオ番組の提供など、幸福の科学文化を広げる事業を行っています。

アー・ユー・ハッピー？
are-you-happy.com

ザ・リバティ
the-liberty.com

幸福の科学出版

TEL **03-5573-7700**

公式サイト **irhpress.co.jp**

THE FACT

ザ・ファクト

マスコミが報道しない
「事実」を世界に伝える
ネット・オピニオン番組

Youtubeにて
随時好評配信中！

ザ・ファクト　検索

NEW STAR PRODUCTION

ニュースター・プロダクション

ニュースター・プロダクション(株)は、世界を明るく照らす光となることを願い活動する芸能プロダクションです。二〇一六年三月には、ニュースター・プロダクション製作映画「天使に〝アイム・ファイン〟」を公開。

映画「天使に〝アイム・ファイン〟」のワンシーン(下)と撮影風景(左)。

公式サイト
newstar-pro.com